P9-ARJ-377

VAINCRE LA SCLÉROSE EN PLAQUES

Émilie et Julien Venesson

Du même auteur

L'Assiette paléo, Thierry Souccar Éditions, 2015.

Paléo Nutrition, Thierry Souccar Éditions, 2014.

Gluten – Comment le blé moderne nous intoxique,
Thierry Souccar Éditions, 2013.

L'Assiette de la force, Thierry Souccar Éditions, 2012.

Nutrition de la force, Thierry Souccar Éditions, 2011.

Conception graphique et mise en page : Catherine Julia (Montfrin)

Imprimé par France Quercy à Mercuès (France) – N° 60642

Photos : © Julien Venesson, © Shutterstock

Illustrations : Idée Graphic (Toulouse), Carole Fumat © Serimedis (p. 58)

Dépôt légal : 2ᵉ trimestre 2016

ISBN : 978-2-36549-154-9

© Thierry Souccar Éditions, 2016, Vergèze

www.thierrysouccar.com

Tous droits réservés

SOMMAIRE

Introduction

Quand j'étais enfant et que mon père rentrait du travail (il était pharmacien), il lui arrivait fréquemment de nous raconter un peu de sa journée, les situations drôles ou originales qu'il vivait auprès de ses clients – avec les années, il n'était pas rare qu'il se lie d'amitié avec certains d'entre eux. Mais il arrivait aussi parfois que ses anecdotes ne prêtent pas à sourire :

> – *J'ai vu la pauvre Madame Dubret ce matin, elle me fait de la peine.*
> – *Pourquoi papa ? Qu'est-ce qu'elle a, Madame Dubret ?*
> – *Elle a une sclérose en plaques, elle est venue en fauteuil roulant aujourd'hui.*
> – *C'est quoi la sclérose en plaques ?*
> – *C'est une saloperie de maladie. Même avec les médicaments, on finit par perdre l'usage de ses bras et de ses jambes. Les malades meurent souvent jeunes…*
> – *Mais c'est quoi qui donne la sclérose en plaques ?*
> – *On ne sait pas vraiment…*

Je suis longtemps resté avec cette image de la sclérose en plaques, la même que celle de mon père et des autres professionnels de santé : une dramatique fatalité, incurable… Jusqu'à ce que je rencontre celle qui allait devenir ma compagne…

Nos chemins se sont croisés il y a près de trois ans. Émilie était sur le point de partir passer quelques jours de vacances en Bretagne et nous sommes convenus de nous écrire. C'était l'été, l'eau froide et l'air marin lui faisaient du bien, me disait-elle. Mais du bien pour quoi ? Je ne le sus qu'après de nombreux échanges : Émilie souffrait depuis neuf ans de problèmes neurologiques d'origine inconnue. Régulièrement, elle était en proie à des troubles oculaires, de la préhension, elle avait des difficultés à marcher, le tout accompagné de douleurs étranges : « *Je subis des sortes de "crises" depuis plusieurs années. Lors de ces crises, je ne suis plus la même, des zones de mon corps ne répondent plus – une main, une jambe – et d'autres sont parcourues de picotements. En ce moment, la crise est plus violente et plus longue que celles que j'ai connues auparavant. Elle a commencé en juillet. Nous sommes au mois d'août et elle n'a toujours pas cessé. Les symptômes sont plus "variés", si je puis dire, ils sont nombreux et multiples. J'ai la sensation que mes jambes sont plongées dans une bassine d'eau, il faut que je les regarde pour me convaincre du contraire. J'ai l'impression de subir des hallucinations corporelles, d'être sous l'emprise d'une drogue. Des fourmillements, des engourdissements et de fortes décharges électriques parcourent mes membres. Surtout la nuit. Cela me réveille brutalement, tellement le choc électrique est intense. À d'autres moments, je ne ressens plus rien sur toute une partie du corps alors qu'à d'autres endroits, les sensations sont exacerbées. J'ai tantôt très chaud, tantôt très froid et la chaleur aggrave mes symptômes. Surtout, j'ai du mal à me mouvoir, je marche difficilement, comme si mes jambes ne suivaient pas le mouvement. Et même formuler de simples phrases peut s'avérer difficile. Tout un tas de choses ne vont plus, jusqu'à ma vessie que je n'arrive pas à vider correctement. Je suis épuisée et je ne reconnais plus mon corps. Il n'est plus à moi, je ne m'y* sens plus chez moi. C'est cette crise d'un genre nouveau pour moi qui m'a incitée à partir quelques temps en Bretagne pour me reposer. La crise se dissipe peu à peu, mais je marche toujours difficilement. En revanche, je découvre que l'eau froide est une alliée inattendue. Me baigner tous les jours soulage mes membres, les douleurs et améliore ma motricité pour quelques heures. Une trêve très appréciable mais de courte durée ». Émilie était en train de vivre une poussée et, tout en me racontant ses promenades magnifiques en bord de mer, oubliait de me préciser que ces dernières ne pouvaient se faire qu'à l'aide d'une canne : elle était devenue incapable de marcher sans assistance. Mais comment une jeune femme pourrait-elle se sentir sûre d'elle-même et séduisante en étant aussi diminuée ?

Voyant son état empirer dangereusement, Émilie décida de trouver la cause du mal qui la rongeait. Jusque-là, elle n'avait pas été très active dans la recherche d'une solution médicale. Et pour cause. Lors des premières manifestations de la maladie, les réponses des médecins, ou plutôt l'absence de réponse et d'examens poussés ne l'avaient pas incitée à creuser davantage : « La première fois que cela s'est produit, j'avais 23 ans. J'étais seule chez moi, il était tard. Je me souviens d'une sorte de voile flou, presque noir devant l'œil droit et d'une douleur atroce dans cette zone. J'essayais de me calmer, de me détendre pour que cela cesse. J'ai fini par prendre un comprimé de paracétamol mais le flou et la douleur ne passaient pas, au contraire. J'en pleurais. J'ai décidé alors d'appeler une amie qui habitait dans le quartier afin qu'elle m'emmène aux urgences. Là-bas, on a vérifié qu'il n'y avait pas de rupture d'anévrisme, on m'a donné un autre cachet de paracétamol et on nous a dit de rentrer. Quelques heures plus tard, le flou disparaissait, la douleur aussi. Un an après, j'ai commencé à ressentir des décharges électriques dans la main gauche, des fourmillements, puis des difficultés à la bouger normalement. Étant pianiste, je me suis rendue compte immédiatement qu'il y avait un souci, je ne parvenais plus à commander ma main correctement. Je me suis dit que cela allait passer, et en effet, au bout d'une quinzaine de jours, il ne restait quasiment plus rien de ces troubles. Mais le peu qui restait est resté vraiment, ma main avait perdu des sensations et elle n'était plus aussi véloce. L'année suivante, c'est un autre membre qui me faisait défaut. Cette fois-ci, cela m'a affolée : je me suis réveillée un matin, et c'était ma jambe droite que je ne commandais plus. Impossible d'attaquer le sol avec le talon, impossible de faire un pas. J'ai couru, ou plutôt rampé devrais-je dire, chez mon généraliste qui m'a envoyée en urgence consulter un neurologue. Je n'en connaissais pas, j'ai donc pris rendez-vous auprès du premier cabinet que j'ai trouvé. On m'y a fait passer un examen avec des électrodes, on m'a expliqué que j'avais perdu 80 % de quelque chose – sur le moment, j'ignore quoi, on ne me l'explique pas –, que ce n'était pas grave et que je pouvais rentrer chez moi. Je suis restée ainsi, à traîner ma patte folle durant quelques semaines, jusqu'à ce que cela passe progressivement. Je me souviens avoir vécu ensuite quelques épisodes déroutants, voire effrayants : ne plus sentir son corps du tout, ou au contraire, être envahie de fourmillements intenses sur toute la moitié du corps, comme si j'étais scindée en deux. Je passerai les dix années suivantes à vivre un ou deux épisodes similaires par an, en me disant que ce n'est pas grave. À force de consulter des médecins qui nous disent que ce n'est rien, on finit par se dire que ce n'est rien. Et on retombe dans une forme de normalité. Pour me rassurer, je me disais que tout le monde devait avoir des manifestations étranges dans le corps par moment, que c'était ainsi que le corps fonctionnait. »

Pour ma part, il n'y avait pas de doute sur le nom de la maladie d'Émilie, une maladie qui évolue par poussées dans 85 % des cas et laisse des séquelles un peu plus importantes après chaque nouvelle crise. Mais prononcer le nom de la maladie ne suffisait pas à établir le diagnostic. C'est ainsi que le bal des examens, des médecins et des neurologues a commencé...

Émilie commence par se rendre chez son médecin de famille en Province qui, d'emblée, soupçonne une sclérose en plaques et s'étonne que personne n'ait rien décelé depuis 10 ans. Un homme sensé qui l'envoie consulter un neurologue en urgence : « *Je me retrouve face à un médecin froid et antipathique, qui me fait passer quelques examens, et me parle comme si j'étais absente. Je lui demande de m'expliquer ce qu'il m'arrive, et il poursuit avec un discours incompréhensible dans un langage totalement hermétique. Je l'interromps et lui demande d'être intelligible. Il termine notre entretien avec cette phrase qui me fit sortir en larmes de son cabinet : "Au mieux c'est une sclérose en plaques au pire... Vous savez, les mystères de la neurologie...". Voilà. Je venais de me délester de 150 € pour me sentir encore plus perdue et terrifiée qu'à mon arrivée dans ce cabinet* ».

Une fois rentrés à Paris, j'incite alors Émilie à ne pas en rester là, et à poursuivre les investigations. Son médecin généraliste parisien, très professionnel, comprend vite que ce n'est pas normal et que cela dépasse ses compétences : elle l'envoie au service de neurologie d'un grand hôpital de la ville. Là, une neurologue passive, visiblement peu concernée par ses patients, lui bouge les jambes, regarde son dernier compte rendu d'IRM avant de déclarer en moins de 15 minutes : « *Vous êtes jeune, il n'y a pas de quoi s'inquiéter, rappelez-nous si ça ne va pas.* » Mais si nous étions là, c'était justement parce que ça n'allait pas ! J'aidais Émilie à marcher en la tenant par le bras, elle n'avait pas totalement récupéré de sa poussée et il lui était souvent difficile de lever correctement les pieds…

Consternée, son médecin généraliste décide de passer quelques coups de fil à d'anciens collègues : ni une, ni deux, elle obtient un rendez-vous dans le service de médecine interne qui décide de la garder en observation pendant plusieurs jours, le temps de procéder à une batterie d'examens : IRM, examen visuel avec un ophtalmologue, mesure des potentiels évoqués qui permet d'observer la propagation des impulsions électriques dans les nerfs et ponction lombaire du liquide céphalo-rachidien. Le diagnostic tombe :

– *Tout semble confirmer qu'il s'agit d'une sclérose en plaques.*
– *Que doit-on faire ? Il y a des médicaments ?*
– *Vous êtes jeune et votre état n'est pas si grave, cela ne semble pas nécessaire.*

Je me suis toujours demandé si le médecin aurait eu la même analyse si c'était lui qui avait perdu l'usage de ses jambes ! Toujours est-il qu'Émilie rentre chez elle, en sachant qu'elle n'est pas folle, qu'elle est bien malade, mais sans solution réelle. En navigant sur internet, elle comprend que le pronostic de la maladie n'est pas réjouissant. Comment échapper à l'engrenage ? Comment récupérer la mobilité de ses jambes et en particulier de ses mains pour pouvoir jouer à nouveau du piano, une activité artistique qu'elle aime tant et dans laquelle elle excelle depuis l'âge de 9 ans ?

Empli d'espoir, je décide de me plonger dans la littérature médicale qui a trait à cette maladie. Je vais passer des heures, des jours, des nuits, des semaines entières à lire. À mon grand étonnement, je vais découvrir que la sclérose en plaques n'est plus aussi mystérieuse qu'elle ne l'était à l'époque où m'en parlait mon père. Les causes, les mécanismes, sont presque totalement élucidés.

La sclérose en plaques est une maladie *auto-immune* qui affecte le système nerveux central. Auto-immune cela signifie que le système de défense censé protéger l'organisme d'agressions extérieures se retourne contre ses propres cellules et les endommage. Mais pourquoi le système immunitaire se tromperait-il ainsi de cible ? C'est ce que nous allons découvrir dans la **première partie** de ce livre. Longtemps restée sans réponse, cette question est en passe d'être résolue. Au terme de 25 années de recherches menées sur plusieurs milliers de personnes, le doute n'est plus permis. L'hypothèse la plus sérieuse et la plus étayée aujourd'hui est que la sclérose en plaques résulterait d'une réaction croisée entre un virus de la famille des herpèsvirus et la gaine de myéline, la gaine qui entoure les fibres nerveuses dans le cerveau.

Au cours de la maladie, cette fameuse gaine de myléine est altérée. Ces lésions perturbent la circulation de l'information et provoquent des troubles moteurs, sensitifs et cognitifs. À plus ou moins long terme, ces troubles peuvent progresser vers un handicap irréversible. Les médicaments disponibles sur le marché permettent de réduire les poussées et améliorent la qualité de vie des malades, mais ils n'empêchent pas la progression de la maladie.

Comment accepter une telle fatalité ? Émilie et moi n'avons pu nous y résigner. J'ai poursuivi mes lectures, en quête de tout ce qui pourrait freiner la maladie, voire la stopper. Et j'ai découvert que plusieurs facteurs du mode de vie ont un rôle prépondérant sur la fréquence des poussées et le niveau de récupération durant les périodes de rémission. Tous ces facteurs, nous les passerons en revue dans **la deuxième partie** de ce livre. Comment modifier son alimentation ? Faut-il supprimer certains aliments ? En introduire d'autres ? Y a-t-il des vitamines ou d'autres micronutriments indispensables lorsqu'on a une sclérose en plaques ? Peut-on continuer à fumer ? Le stress joue-t-il un rôle dans la maladie ?

En répondant à toutes ces questions, nous avons déduit dix règles d'hygiène de vie à mettre en application le plus tôt possible après le diagnostic.

Lorsque l'on suit ces dix règles, lorsque l'on modifie son alimentation et son mode de vie en conséquence, eh bien aussi surprenant que cela puisse paraître, les poussées deviennent si rares qu'à l'échelle d'une vie, elles n'existent plus ! C'est ce que nous avons vécu Émilie et moi. Jamais nous n'aurions cru cela possible si nous ne l'avions pas expérimenté nous-mêmes.

Réduire au silence la sclérose en plaques est une immense victoire en soi mais cela n'était pas suffisant pour nous. Cela ne permettait pas à Émilie de retrouver une vie normale. Je rappelle qu'à 31 ans, elle en était réduite à marcher à l'aide d'une canne. Il fallait aussi recouvrer les aptitudes physiques qui avaient été perdues. Même si elles n'étaient perdues que partiellement dans le cas d'Émilie. Pour y parvenir, nous devions comprendre pourquoi le système nerveux récupère parfois spontanément après une poussée et comment il y parvient. Ce sera l'objet de **la troisième partie**. En appréhendant mieux le processus de récupération, nous avons pu imaginer un programme de rééducation physique permettant de réparer les gaines de myéline.

Grâce à ce programme global de nutrition et d'exercice, en moins d'un an, Émilie a pu récupérer toutes les fonctions neurologiques perdues. Et elle n'a plus connu de poussées, au point de se demander si elle a jamais été malade. Ce programme, nous l'avons retranscrit dans cet ouvrage afin de venir en aide à tous ceux qui font face à la sclérose en plaques. Notre souhait : ouvrir un nouveau chemin d'espoir.

PARTIE 1

Appréhender la maladie

1

Quand le système immunitaire perd la boule

L a sclérose en plaques est une maladie auto-immune. Si l'on demande à un neurologue ce que cela signifie exactement, celui-ci répond généralement : « *C'est quand le système immunitaire ne fonctionne plus correctement et qu'il s'attaque à votre propre organisme* » ou une phrase similaire. Quant à savoir pourquoi la maladie se déclenche ou pourquoi le système immunitaire ne fonctionne plus correctement, il répond généralement qu'on n'en sait rien.

Les maladies auto-immunes sont donc vues, aussi bien par la plupart des médecins que par le grand public, comme des aberrations incompréhensibles. Pourtant la réalité est tout autre, car depuis une vingtaine d'années les laboratoires pharmaceutiques proposent des médicaments pour atténuer les symptômes de ces maladies. Afin de mettre au point de tels médicaments, ils doivent comprendre les mécanismes biologiques en jeu dans la maladie, puis tester les médicaments mis au point avant leur commercialisation. Les premiers tests sont réalisés sur des souris de laboratoire chez qui on a déclenché volontairement une maladie auto-immune. Les chercheurs savent donc parfaitement ce qui provoque ces maladies et comment les déclencher sur commande. Et contrairement à l'idée populaire, les maladies auto-immunes ne sont pas la manifestation d'un système immunitaire qui serait devenu fou...

>>> Êtes-vous allergique ?

Le meilleur moyen de comprendre les maladies auto-immunes est d'observer les personnes allergiques. Quand on est allergique aux pollens de bouleau par exemple, il n'est pas rare qu'on soit aussi allergique aux abricots, kiwis ou noix. Cela s'explique simplement.

Lorsque nous touchons avec notre peau ou respirons, notre organisme entre en contact avec de nombreuses protéines : celles des poussières ou des pollens par exemple. La plupart du temps cette rencontre a lieu calmement : le système immunitaire reconnaît les protéines comme faisant partie du « non-soi » (n'appartenant pas à notre corps), il les empêche donc de pénétrer plus avant. Mais il arrive parfois, en raison d'une conjonction de facteurs génétiques et environnementaux, que cette réaction ne soit pas douce, mais violente. Le système immunitaire réagit comme si la protéine qui se présente était hautement toxique ; il envoie alors de nombreux signaux inflammatoires brutaux pour nous prévenir du danger : toux, démangeaisons, difficultés à respirer, rougeurs, etc. En prime, le système immunitaire va mettre en place une stratégie de défense qu'il a l'habitude d'utiliser contre les virus : il va conserver en mémoire la forme de la protéine qu'il a identifiée comme dangereuse, de sorte qu'il puisse réagir encore plus efficacement lors d'un prochain contact. En pensant mieux nous protéger, le système immunitaire va ainsi déclencher des réactions allergiques de plus en plus fortes, jusqu'à être insupportables, comme le sont les allergies saisonnières.

Mais revenons à nos kiwis. Il se trouve que certaines protéines du kiwi sont structurellement très proches des protéines des pollens de bouleau. Ainsi, si on est allergique à ces pollens, la mémoire immunitaire initialement mise en place pour nous protéger va identifier les protéines de kiwis comme nocives à leur tour. C'est ce qui explique qu'on est rarement allergique à une seule substance, mais le plus souvent à plusieurs qui ont pour point commun de porter en leurs surfaces des protéines identiques ou fortement ressemblantes, qu'on appelle les « épitopes ». Ces réactions allergiques qui font intervenir des protéines apparentées sont quant à elles appelées les « réactions croisées ».

>>> L'intestin, un organe à part

On l'a compris, les allergènes peuvent se présenter à toutes les « portes d'entrée » de notre organisme. La peau et les poumons bien sûr, mais aussi l'intestin. À ceci près que ce dernier jouit d'une très grande tolérance aux molécules étrangères, car il est chargé de les découper pour les digérer. Quand nous mangeons, les aliments qui arrivent dans notre tube digestif sont découpés par des enzymes qui les transforment en tout petits morceaux. Ces fragments sont suffisamment petits pour traverser la barrière intestinale et passer dans le sang. Les fragments de protéines par exemple sont traités par le foie et utilisés pour fournir de l'énergie, renouveler nos muscles et nos cellules. Dans le cas où le traitement enzymatique n'a pas pu se faire correctement, les protéines qui n'ont pas été bien découpées sont alors trop grosses pour passer dans le sang. Elles sont tout simplement éliminées par les voies naturelles. C'est ce qui se passe quand la barrière intestinale fonctionne parfaitement. Mais dans le cas contraire ?

>>> Quand l'intestin se transforme en passoire

La barrière intestinale a une fonction vraiment essentielle pour un être humain. Imaginez un peu si, après avoir avalé un bout de plastique, il passait dans le sang ! Ce serait catastrophique. Nul doute que sans cette fonction filtrante de notre intestin, nous n'aurions pas pu évoluer jusqu'ici.

Toutefois, on sait que cette capacité à filtrer les plus petits éléments peut être assez facilement perturbée. Pas au point de laisser passer du plastique bien entendu, mais au point de pouvoir laisser passer de grosses protéines.

Supposons par exemple que la digestion d'un verre de lait ne se fasse pas totalement. Des protéines du lait (par exemple, l'insuline bovine) vont arriver au niveau de l'intestin intactes. L'insuline est une grosse molécule. Normalement la barrière intestinale ne la laisse pas passer. Sauf que ce jour-là, pour une raison ou une autre (voir encadré ci-contre), la barrière intestinale est très perturbée, elle n'assure plus son rôle de frontière, et l'insuline bovine du lait parvient à passer dans le sang.

Immédiatement, c'est le branle-bas de combat dans l'organisme ! Le système immunitaire s'affole : une protéine totalement inconnue vient d'arriver ! Il se pourrait que ce soit un virus gravement toxique, capable d'entraîner la mort en quelques heures ! Une seule solution : envoyer l'artillerie lourde, afin de neutraliser cet adversaire menaçant. L'insuline bovine reçoit donc un « marquage », comme une sorte de coup de feutre, qui la définit comme « antigène », c'est-à-dire « substance appartenant

CE QUI PERTURBE LA BARRIÈRE INTESTINALE

La perméabilité de l'intestin dépend de nombreux facteurs. Elle est notamment régulée par une protéine, la « zonuline », qu'on peut considérer comme une hormone et dont la découverte est très récente puisqu'elle date du début des années 1990. Ce sont les recherches menées sur les mécanismes d'action de la bactérie responsable du choléra, caractérisé par des diarrhées très sévères, qui ont permis sa découverte[1, 2]. La zonuline est fabriquée par la muqueuse intestinale. D'une manière générale, cette hormone de même que les jonctions serrées (les zones de jonction entre les cellules de l'intestin) sont la cible privilégiée des toxines produites par des bactéries pathogènes comme lors de gastro-entérite par exemple[3]. La zonuline régule les mouvements de l'eau (lors d'une gastro-entérite, l'eau est attirée au niveau de l'intestin ce qui provoque une diarrhée). Elle régule également le passage des molécules et des globules blancs de l'intestin vers le sang et celui des bactéries ; la zonuline nous protège ainsi d'une colonisation bactérienne[4, 5].

À l'heure actuelle on ne connaît pas encore tous les facteurs capables de perturber la zonuline et donc d'augmenter la perméabilité intestinale. Voici une liste non exhaustive de facteurs ou de situations qui augmentent la perméabilité intestinale de manière scientifiquement démontrée :

- la prise de médicaments anti-inflammatoires non stéroïdiens (aspirine, ibuprofène par exemple)[6] ;
- la prise de médicaments de chimiothérapie anticancéreuse[7, 8] ;
- le suivi d'une radiothérapie anticancéreuse[9, 10] ;
- l'ingestion régulière de blé[11, 12] ;
- le déficit en zinc ou en vitamine D[13, 14] ;
- la gastro-entérite[15].

au non-soi potentiellement nocive et qui doit être détruite ». Elle va ensuite être attaquée puis détruite et expulsée de l'organisme.

Comme pour les allergies, l'immunité va intelligemment conserver en mémoire la taille et la forme de l'insuline bovine pour pouvoir répondre de manière plus efficace en cas de nouvelle rencontre. Ce principe de mémoire immunitaire est le principe sur lequel repose le fonctionnement des vaccins.

>>> Une réaction croisée aux conséquences gravissimes

Jusqu'ici, l'histoire n'a rien d'inquiétant. Le problème c'est qu'il arrive que des protéines alimentaires ressemblent comme deux gouttes d'eau à des protéines du corps humain. Vous imaginez la suite : en raison de la mémoire immunitaire, l'organisme qui n'attaquait au départ qu'une simple protéine alimentaire, va s'en prendre à un organe tout entier. C'est ce processus très simple qui est à l'origine de la maladie auto-immune. Pour être plus précis : **toutes les maladies auto-immunes ont comme origine une réaction croisée**.

Reprenons notre exemple. La structure de l'insuline bovine est très proche de celle de l'insuline humaine : toutes les deux sont des protéines qui comptabilisent 51 acides aminés dont 48 sont identiques. Seuls 3 permettent de les différencier. Dès lors, si le système immunitaire identifie l'insuline bovine comme ennemi, il y a de fortes chances qu'il finisse par identifier l'insuline humaine comme ennemi également. Le problème c'est que si notre immunité détruit notre insuline, nous ne pouvons plus vivre ! L'insuline est une hormone vitale, qui permet à nos cellules d'utiliser le sucre, c'est-à-dire leur principal carburant.

Ce scénario qui implique l'insuline bovine et humaine est tout à fait réel, à ceci près que le système immunitaire ne se contente pas de détruire l'insuline humaine, il « remonte » jusqu'à l'usine de fabrication de l'insuline, notre pancréas, dont il détruit toutes les cellules sécrétrices d'insuline. C'est cette cascade d'événements qui provoque le diabète de type 1, aussi appelé diabète insulinodépendant, car il oblige à utiliser de l'insuline médicamenteuse quotidiennement pour pouvoir vivre.

Le diabète de type 1 est aujourd'hui une maladie bien comprise – les principaux mécanismes ont été mis en évidence scientifiquement (voir encadré ci-dessous) –, mais ce n'est pas le cas de toutes les maladies auto-immunes. Pour la plupart, le ou les antigènes responsables de la réaction croisée initiale n'ont pas encore été identifiés. Plus surprenant encore, la protéine du corps humain touchée par l'auto-immunité n'est même pas toujours connue et il arrive aussi qu'il n'y en ait pas qu'une seule mais plusieurs. Enfin, nous avons pris ici l'exemple d'un antigène alimentaire issu du lait, mais il arrive que l'antigène ne soit pas toujours d'origine alimentaire, cela peut aussi être une bactérie par exemple !

DIABÈTE DE TYPE 1 : UNE MALADIE POUR COMPRENDRE

Publiée en mars 2012, une étude dirigée par l'Institut national pour la santé et le bien-être à Helsinki en Finlande a éclairé le diabète de type 1 sous un jour nouveau. Dans cette étude, 1113 nourrissons finlandais qui présentaient une sensibilité génétique au diabète de type 1 ont été répartis de manière aléatoire en trois groupes. Durant les 6 premiers mois de vie, chaque groupe a reçu un lait infantile particulier soit :

♦ une formule maternisée standard à base de lait de vache,

- une formule maternisée à base de whey hydrolysée,
- une formule maternisée à base de whey exempte d'insuline bovine.

(Je précise que l'expérience a été menée en double-aveugle ce qui signifie que ni les parents ni les médecins ne connaissaient la nature du produit donné.)

La whey est une protéine laitière (aussi appelée « protéine de petit lait » ou « lactosérum »), présente à hauteur de 20 % dans le lait, les 80 % restants étant représentés par la caséine. Le processus d'hydrolyse consiste à découper les protéines en petits morceaux, comme si elles étaient prédigérées. Cette technique a plusieurs avantages et permet notamment de diminuer les risques d'allergies puisque les épitopes des protéines sont fragmentés, donc peu ou pas reconnus par le système immunitaire.

Les chercheurs avaient déjà montré qu'un lait infantile à base de caséine hydrolysée diminuait le risque de réaction auto-immune comparativement à la caséine intacte.

À 3 mois, 6 mois, 1 an, 2 ans et 3 ans, les chercheurs ont évalué l'état de santé des enfants et ont mesuré la présence d'auto-anticorps dirigés contre l'insuline ou d'autres protéines annonciatrices du développement de la réaction immunitaire à l'origine du diabète de type 1. Résultats : comparativement à la formule classique à base de lait de vache, l'utilisation de la whey hydrolysée a diminué le risque d'auto-immunité de 25 % et l'utilisation de whey sans insuline bovine a diminué le risque de 61 %[16]. Cette étude confirme ainsi d'autres études montrant que l'insuline bovine joue un rôle important dans l'apparition du diabète de type 1.

Reste une interrogation : pourquoi tout le monde ne déclenche pas de diabète de type 1 après avoir avalé du lait de vache et en ayant l'intestin perméable puisque cette dernière condition est courante ?

Tout simplement parce qu'il existe un autre facteur : **la génétique.** C'est la génétique qui détermine la capacité du système immunitaire à faire la distinction entre une protéine du soi et une protéine du non-soi. La majorité des individus ont un système immunitaire capable de faire la distinction entre insuline bovine et insuline humaine, c'est pourquoi ils ne déclencheront jamais de diabète de type I même en buvant beaucoup de lait en ayant un intestin perméable. En revanche leur système immunitaire peut ne pas faire la distinction entre d'autres protéines, ce qui peut entraîner une autre maladie auto-immune.

On voit donc qu'une maladie auto-immune quelle qu'elle soit est la conséquence d'une conjonction de facteurs :

♦ **Une sensibilité génétique**, qui prédispose le système immunitaire à certaines réactions croisées. Il s'agit de variantes du complexe majeur d'histocompatibilité (CMH), le système utilisé par notre organisme pour reconnaître le non-soi. Les variantes du système immunitaire qui prédisposent à des maladies ne doivent toutefois pas être vues comme des « erreurs » de la nature, car on découvre souvent que les variantes impliquées dans certaines maladies sont aussi protectrices contre d'autres. Par exemple, les personnes qui ont la version « HLA-B27 » du CMH sont prédisposées à développer une spondylarthrite ankylosante (maladie articulaire), mais elles ont aussi un système immunitaire plus résistant au VIH. Lorsqu'elles sont infectées, l'évolution de la maladie est beaucoup plus lente chez ces personnes que chez les autres[17]. Dans la sclérose en plaques, on estime que l'influence du CMH sur l'apparition de la maladie est de l'ordre de 20 à 60 %[18]. En fait, si on considère des vrais jumeaux (qui possèdent donc un patrimoine génétique identique), ils n'ont qu'une chance sur quatre de développer tous les deux la sclérose en plaques.

- **Une exposition à un antigène** : aliment, bactérie, peut-être des polluants ?
- **Une introduction de cet antigène dans l'organisme de manière anormale.** Par exemple en cas de perméabilité intestinale augmentée. Ce dernier point explique pourquoi de nombreuses maladies auto-immunes se déclenchent au décours d'une gastro-entérite ou d'une infection intestinale (qui perturbent la zonuline).

Mais si l'auto-immunité est un processus qui se met en place du fait de la mémoire immunitaire, cela signifie-t-il qu'une maladie auto-immune est irréversible ? Oui ! Aucune maladie auto-immune ne peut être guérie, car il n'existe actuellement aucun moyen, naturel ou non, de rééduquer un système immunitaire. En revanche, il est possible d'atténuer les réactions immunitaires, au point de les rendre si faibles que la personne est en rémission. C'est d'autant plus vrai dans le cas de la sclérose en plaques dans laquelle on peut arriver, avec un minimum de motivation et par des moyens naturels, non seulement à endormir totalement l'auto-immunité, mais aussi à réparer les dégâts qui ont été occasionnés et que l'on croyait irréversibles. C'est ce que nous allons voir ensemble.

À RETENIR

La sclérose en plaques est une maladie auto-immune. Comme toute maladie auto-immune, elle résulte de la conjonction d'une sensibilité génétique et de l'exposition à un antigène.

2

Qu'est-ce qui provoque la sclérose en plaques ?

L a recherche des causes originelles de la sclérose en plaques, c'est-à-dire, de la réaction croisée initiale, est une aventure passionnante qui a démarré il y a plus de 30 ans et qui se poursuit encore aujourd'hui, bien qu'on soit enfin arrivé à de nombreuses certitudes.

>>> Les mystères de la sclérose en plaques

Pour la médecine, la première approche utilisée pour essayer de comprendre une maladie est l'épidémiologie. Il s'agit d'une discipline dans laquelle on essaye d'établir une relation entre des paramètres environnementaux et la maladie. Par exemple, lorsqu'on a découvert le scorbut (carence en vitamine C qui entraîne le déchaussement des dents et le saignement des gencives), on a d'abord constaté que cette affection ne touchait que les marins et uniquement ceux qui partaient en mer pendant plusieurs semaines. De fil en aiguille, on est parvenu à comprendre que les marins qui partaient longtemps en mer ne mangeaient pas assez de produits frais, sources de vitamine C.

Dans le cas de la sclérose en plaques, la maladie présente quelques caractéristiques intéressantes : elle se déclare dans 70 % des cas entre 25 et 35 ans, elle touche presque deux fois plus les femmes que les hommes. Mais ce qui est particulièrement intrigant, c'est sa distribution géographique : alors qu'elle touche 80 personnes sur 100 000 en France, elle n'en touche pas plus de 3 pour 100 000 en Asie ! Par ailleurs, extrêmement rare en Afrique et près de l'équateur, la maladie est de plus en plus fréquente au fur et à mesure qu'on se rapproche des pôles. Cette distribution est très inhabituelle pour une maladie auto-immune : la sclérose en plaques est ainsi jusqu'à 400 fois plus fréquente au Canada qu'en Afrique ! Pour rendre les choses encore plus complexes, il existe même des populations du globe chez lesquelles la sclérose en plaques est totalement absente : les Inuits traditionnels, les Aborigènes d'Australie, les Kitavans de Papouasie Nouvelle-Guinée ou les Iakoutes de Sibérie[19].

INUITS, ABORIGÈNES, DES TRIBUS AU MODE DE VIE ANCESTRAL

Les Inuits traditionnels (à ne pas confondre avec les Inuits modernes), certains Aborigènes ou les Kitavans ont pour point commun (« avaient » dans le cas des Inuits) d'avoir conservé le mode de vie des chasseurs-cueilleurs, c'est-à-dire le mode de vie des hommes au Paléolithique, une période qui démarre il y a environ 9 millions d'années et qui prend fin il y a environ 10 000 ans. Ils vivent de la chasse et de la cueillette, ne consomment ni sel ni sucre si ce n'est de manière extrêmement rare, vivent souvent sans électricité, sans véhicule ni confort moderne.

Les autres habitants de la planète Terre ne sont plus chasseurs-cueilleurs depuis environ 10 000 ans, moment à partir duquel s'est généralisée l'agriculture : culture des céréales et élevage des animaux pour leur lait.

Les tribus de chasseurs-cueilleurs ont donc souvent été des sujets d'étude importants pour les grandes questions épidémiologiques.

Comment expliquer une telle disparité ? Dans un premier temps les chercheurs ont immédiatement pensé à quelque chose de simple : et s'il y avait tout simplement des différences génétiques protectrices ou sensibilisantes entre les différents pays et peuplades ? Cette explication va être retenue pendant quelques années avant d'être balayée par les travaux remarquables du Dr Catharine Gale.

>>> Un casse-tête chinois sans aucune notice

Le Dr Catharine Gale est chercheur à l'université de Southampton (Angleterre). En 1994, elle termine ce qui est l'équivalent chez nous de la maîtrise universitaire, une formation qui s'achève par la remise d'un mémoire. Le mémoire de Catharine Gale a quelque chose de particulier. Si particulier qu'il va être immédiatement publié dans une revue médicale de neurologie, *Progress in Neurobiology*.

Ce que présente Catharine devant ses pairs concerne évidemment la sclérose en plaques. Elle va montrer à son auditoire que si on suit des natifs des Caraïbes ou d'Asie (qui ont donc un faible risque de sclérose en plaques) qui ont émigré en Angleterre (où le risque est plus élevé), alors leur risque de sclérose en plaques ne change pas. À l'inverse, si on suit des Anglais (qui ont donc un risque élevé de sclérose en plaques au départ) qui sont allés vivre en Asie ou dans les Caraïbes, leur risque de sclérose en plaques diminue !

Catharine Gale montre que ces résultats sont reproductibles dans tous les pays du monde, pour peu qu'on ait suffisamment d'informations sur les différentes migrations. Pour ajouter à la complexité de la situation, elle montre également que si on suit les enfants des migrants Caribéens ou Asiatiques nés en Angleterre, ceux-ci ont, à leur tour, autant de risque de développer la sclérose en plaques que les Anglais natifs d'Angleterre... Enfin, elle montre que cette protection des parents, existe même lorsqu'ils possèdent les facteurs génétiques prédisposant à la maladie[20].

Tout se passe comme si le lieu de naissance présidait à la santé de l'enfant. Dans le cas des parents émigrés, il confère une sorte de « protection » tout au long de la vie. Dans le cas des enfants d'immigrés, cette protection s'évanouit. Seule certitude : cette protection n'est pas génétique !

>>> L'implication inattendue d'un virus

Après avoir mis en évidence les différences génétiques et l'impact de la zone géographique, les chercheurs se sont tout naturellement penchés sur d'autres paramètres et notamment l'historique de santé des malades.

Dès le début des années 1980, des chercheurs avaient examiné le lien entre sclérose en plaques et infections. Rien de particulier n'en était ressorti, excepté une forte prévalence de la sclérose en plaques chez les personnes infectées par le virus Epstein-Barr, aussi appelé « virus de l'herpès 4 », responsable de la mononucléose infectieuse. Or ce virus touche plus de 95 % de la population et 95 % de la population ne souffre pas pour autant de sclérose en plaques ! Il était donc difficile de tirer la moindre conclusion.

VIRUS DE L'HERPÈS, UNE SACRÉE FAMILLE

Les virus de la famille de l'herpès sont des virus ultrarésistants qui ont contaminé environ 99 % de la population humaine et que nul ne sait éradiquer. Chez un individu en bonne santé, la première infection provoque différents symptômes qui disparaissent, mais le virus n'est jamais tué ; il reste en sommeil dans nos organes lymphatiques et se manifeste dès qu'il le peut, lorsque les conditions favorisantes seront réunies (stress, fatigue, etc.). Les virus de l'herpès peuvent devenir dangereux au point d'être mortels en cas d'immunodéficience, par exemple lorsqu'on a le sida.

Voici les différents types de virus de cette famille :

- Virus de l'herpès 1 : c'est le responsable de l'herpès buccal ou « bouton de fièvre ».
- Virus de l'herpès 2 : c'est le responsable de l'herpès génital.
- Virus de l'herpès 3 : c'est le responsable de la varicelle et du zona.
- Virus de l'herpès 4 : aussi appelé « virus d'Epstein-Barr », c'est le responsable de la mononucléose, aussi appelée « maladie du baiser » ou « maladie des amoureux ». Il augmente le risque de certains cancers (estomac, lymphome).
- Virus de l'herpès 5 : aussi appelé « cytomégalovirus », c'est le responsable de certaines mononucléoses.
- Virus de l'herpès 6 : c'est le responsable de la roséole infantile.
- Virus de l'herpès 7 : c'est le cousin de l'herpès 6, il en partage les effets.
- Virus de l'herpès 8 : c'est le responsable de plusieurs cancers (lymphomes, peau).

Au fil des années, les chercheurs ont démontré qu'il n'y avait pas de lien entre sclérose en plaques et varicelle, oreillons, rougeole, rubéole ou virus de l'herpès 1 (celui qui est responsable des « boutons de fièvre »)[21, 22, 23, 24].

En revanche, le lien entre infection du virus de l'herpès 4 et la sclérose en plaques n'a cessé de se renforcer au fil du temps. Au terme de 25 années et 13 études de population menées sur plusieurs milliers de personnes, les résultats convergeaient et le doute n'était plus permis. La synthèse de ces études montre que 99 % des victimes de sclérose en plaques ont été contaminées par le virus de l'herpès 4 et que parmi les personnes qui n'ont pas été contaminées, seuls 1 % finiront par déclencher la maladie[25]. Cette découverte est d'importance puisque c'est la première à mettre en évidence un point commun chez les malades. Mais dès lors, comment expliquer les résultats de Catharine Gale ?

>>> L'influence d'un baiser

Le virus de l'herpès 4 contamine l'être humain dans la petite enfance le plus souvent. Il est transmis par la salive, si bien qu'un échange de jouets entre jeunes enfants peut suffire à une contamination. Plus rarement, le virus est transmis à l'adolescence, lors des premiers baisers. D'une manière générale, plus l'infection a lieu tardivement, plus les symptômes sont marqués. La manifestation la plus courante du virus de l'herpès 4 à l'adolescence est la « mononucléose infectieuse ». Elle provoque une profonde fatigue (qui peut durer plusieurs semaines) accompagnée d'une petite fièvre. Parfois les symptômes sont plus intenses et durent plus longtemps : ganglions, maux de tête, douleurs.

En se focalisant sur les personnes qui avaient développé une mononucléose, donc sur celles qui avaient été infectées tardivement dans leur vie par le virus de l'herpès 4, les chercheurs ont mis en évidence que plus l'infection intervient tard, plus le risque de développer la sclérose en plaques est élevé. Ainsi, être infecté par le virus de l'herpès 4 à l'adolescence multiplie par 2 à 3 le risque de sclérose en plaques, comparativement à une infection au cours de l'enfance. Être infecté par le virus de l'herpès 4 pendant l'enfance multiplie par 10 le risque de sclérose en plaques comparativement à l'absence totale d'infection et être infecté à l'adolescence multiplie donc par 20 à 30 le risque comparativement à l'absence totale d'infection. Ces différents risques sont illustrés sur le schéma ci-dessous.

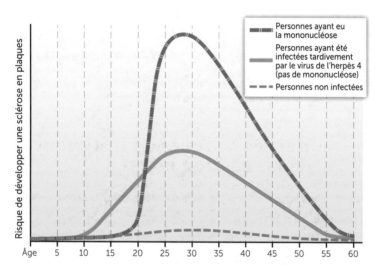

Risque de sclérose en plaques en fonction de l'âge et du statut infectieux par le virus de l'herpès 4

L'analyse de ces données à la lumière de celles de Catharine Gale devient donc assez simple : dans les Caraïbes ou en Asie, l'hygiène chez les enfants en bas âge n'est pas exagérée comme elle l'est en Europe et en Amérique du Nord. Les enfants caribéens bénéficient donc d'une protection acquise pendant l'enfance du fait d'une infection précoce par le virus de l'herpès 4 alors que les enfants anglais sont plus à risque du fait d'infections par herpès 4 beaucoup plus tardives. Il n'y a donc logiquement pas de hausse du risque pour un Caribéen qui émigre en Angleterre. Quant à la baisse du risque pour un Anglais qui part vivre aux Caraïbes, elle peut s'expliquer par d'autres facteurs environnementaux (comme l'alimentation par exemple), des facteurs autres que l'exposition au virus de l'herpès lui-même, et qui confèrent une protection forte. Ces autres facteurs environnementaux peuvent apparaître mineurs comparativement au rôle joué par herpès 4, mais en réalité ils sont majeurs. En effet, de nombreuses années s'écoulent généralement entre la mononucléose et l'apparition de la sclérose en plaques : ce sont donc ces facteurs qui vont ultimement déclencher ou non la maladie, sur un terrain largement prédisposant.

>>> Herpès 4 : l'ennemi initiateur de la réaction croisée

Avant de s'intéresser à ces facteurs décisifs, il nous faut compléter l'histoire de l'herpès 4 dans notre organisme.

Les virus de la famille de l'herpès sont très singuliers : contrairement à la plupart des virus, ils ne sont jamais totalement détruits. Lors de la première infection, notre système immunitaire parvient à détruire la majorité des virus présents mais ces derniers ont inséré des copies de leur ADN dans le noyau de plusieurs de nos cellules. Le virus est alors dormant et asymptomatique. Il ne se réveille qu'en cas de faiblesse immunitaire, de stress ou de fatigue par exemple. C'est typiquement le cas du bouton de fièvre provoqué par le virus de l'herpès 1.

En raison de sa persistance dans l'organisme, notre système immunitaire ne cesse jamais de produire des anticorps contre certaines protéines du virus. Une prise de sang permet donc de savoir très facilement si nous avons déjà été exposés à ce virus au cours de notre vie.

Parmi les nombreuses protéines du virus que cible notre immunité, celle dénommée « EBNA-1 » est très importante dans la sclérose en plaques. EBNA-1 est une protéine du virus de l'herpès qu'on retrouve dans le noyau de la cellule infectée et on constate que plus une infection à herpès 4 est violente, plus l'immunité produit d'anticorps contre EBNA-1. Et fait remarquable, c'est chez les malades de sclérose en plaques que les niveaux d'anticorps anti-EBNA-1 sont les plus élevés : on les retrouve à des niveaux 3 à 4 fois supérieurs à la normale (voir schéma ci-dessous).

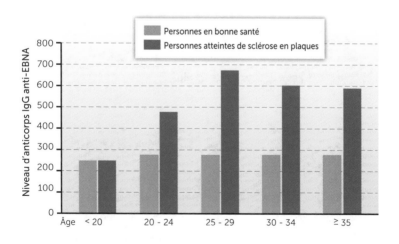

Comparaison entre les niveaux d'anticorps IgG anti-EBNA chez les malades de la sclérose en plaques et les personnes en bonne santé

Tout indique donc le rôle majeur du virus de l'herpès 4 dans la sclérose en plaques. Toutefois, on ne retrouve aucune trace d'herpès 4 dans le système nerveux qui est pourtant détérioré dans la maladie. Plusieurs études ont résolu ce mystère : on ne retrouve pas de trace du virus herpès 4 dans le système nerveux des malades, car il n'y est pas, tout simplement ! En revanche, il s'est produit une réaction croisée entre ce virus et les protéines de la gaine de myéline, la gaine qui entoure les fibres nerveuses et augmente la vitesse de transmission de l'influx nerveux[26, 27, 28]. La sclérose en plaques est installée. Définitivement.

À RETENIR

Une personne infectée par le virus herpès 4 (virus d'Epstein-Barr) durant l'adolescence a 2 à 3 fois plus de risque de développer une sclérose en plaques qu'une personne infectée durant l'enfance.

Une personne atteinte de sclérose en plaques a un niveau d'anticorps anti-EBNA 3 à 4 fois supérieur à la normale (EBNA = *Epstein Barr Nuclear Antigen*).

La sclérose en plaques résulterait d'une réaction croisée entre le virus herpès 4 et la gaine de myéline.

>>> La vitamine D : vitamine du soleil

Il faut souvent de très nombreuses années avant que les découvertes en sciences médicales débouchent sur des traitements généralisés dans le domaine de la santé publique. Cela a trait pour beaucoup à la complexité et au coût financier des études mises en œuvre pour tester l'efficacité et l'innocuité des traitements, mais aussi au fait que la recherche de l'origine d'une maladie s'inscrit dans un temps long : on ne peut valider une hypothèse qu'après avoir éliminé toutes les autres explications potentielles de l'effet observé.

VITAMINE D, QUI ES-TU ?

La vitamine D est produite dans la peau sous l'effet des rayons UVB (longueur d'onde située entre 290 et 313 nm). En France, entre les mois d'avril et d'octobre, le rayonnement UVB permet de produire une quantité de vitamine D suffisante pour le bon fonctionnement de l'organisme, soit jusqu'à 15 000 UI[30, 31] (à raison d'une exposition de la peau au soleil de 15 à 20 minutes). Pour donner un ordre de comparaison, les aliments courants les plus riches en vitamine D sont les poissons. Ils nous en apportent jusqu'à 400 UI pour 100 g seulement. Problème : du mois d'avril au mois d'octobre, nous sommes souvent habillés et nous travaillons la plupart du temps en intérieur, ce qui occasionne des déficits en vitamine D très fréquents dans la population. Ainsi, selon l'Institut national de veille sanitaire (InVS), 80 % des Français seraient déficitaires en vitamine D[32].

La vitamine D joue des rôles très importants dans l'organisme qui vont bien au-delà du maintien de la structure osseuse. Elle permet une absorption optimale du calcium par l'intestin, mais aussi du magnésium et régule leur fixation sur l'os[33, 34]. Elle diminue la perméabilité intestinale[35, 36, 37]. Elle diminue le risque de maladies auto-immunes en général[38]. Elle stimule le système immunitaire inné pour produire des peptides antimicrobiens (des antibactériens aussi puissants que les antibiotiques médicamenteux)[39].

Ainsi, lorsque le lien entre la fréquence de la sclérose en plaques et la latitude a été mis en évidence il y a 30 ans, les avis étaient partagés au sein de la communauté scientifique. N'y voyant pas d'explication rationnelle, beaucoup de chercheurs envisageaient une erreur de résultat liée aux calculs statistiques ou tout simplement, un artefact, simple conséquence de variations génétiques entre les populations. Il faudra attendre le début des années 2010 pour avoir une confirmation. Des chercheurs australiens ont compilé plusieurs centaines d'études sur le sujet. Ils ont montré qu'effectivement, plus on s'éloigne de l'équateur, plus le risque de sclérose en plaques augmente[29].

Immédiatement, des chercheurs y ont vu l'influence du soleil et en particulier de la vitamine du soleil : la vitamine D. En effet, l'angle des rayons du soleil qui nous parviennent diffère selon la latitude, et avec lui la quantité du rayonnement UV. Les personnes qui vivent près de l'équateur sont exposées à un rayonnement UV intense qui entraîne une synthèse de vitamine D importante dans la peau alors que plus on s'éloigne de l'équateur, plus les carences en vitamine D sont fréquentes (voir encadré ci-contre).

Restait donc à savoir si l'hypothèse d'une relation entre la vitamine D et la sclérose en plaques était juste et pour cela, différentes études ont été menées. Voici ce qu'elles ont trouvé :

◆ Dans une étude portant sur plus de 7 millions de militaires américains, il a été montré que plus le taux de vitamine D dans le sang était élevé, plus le risque de développer une sclérose en plaques était faible[40].
◆ Les personnes à qui on vient de diagnostiquer une sclérose en plaques ont invariablement des taux de vitamine D bas, bien inférieurs à ceux de la population générale[41].

◆ En cas de début de symptômes évocateurs de sclérose en plaques, les personnes ayant des taux de vitamine D bas finissent très souvent par déclencher la maladie, au bout de 5 à 15 ans, contrairement à ceux qui ont des taux plus élevés[42].

Puis, d'autres équipes de chercheurs ont poussé encore plus loin le raisonnement et ont donné de la vitamine D aux personnes qui présentaient les signes avant-coureurs de la sclérose en plaques, en particulier la névrite optique (voir encadré ci-dessous). Ils ont constaté que la supplémentation en vitamine D, à condition que la dose administrée soit suffisante (voir page 80), prévenait l'apparition de la sclérose en plaques dans plus de 70 % des cas[43, 44] ! Voilà donc qui confirme définitivement l'hypothèse de la latitude.

NÉVRITE OPTIQUE ET SCLÉROSE EN PLAQUES

La névrite optique est un phénomène plutôt rare et donc extrêmement surprenant pour qui en est victime. Bien qu'elle soit impressionnante, la personne ne s'alarme pas toujours, et très souvent même, ne juge pas utile d'en référer à son médecin. C'est pourtant ce qu'il faudrait faire sur le champ.

Il s'agit d'une inflammation du nerf optique qui se manifeste par une baisse brutale de l'acuité visuelle, souvent sur un seul œil, et pouvant aller jusqu'à la cécité. Une douleur accompagne le défaut visuel, mais elle est souvent de faible intensité. En quelques jours (et parfois en quelques heures !), l'anomalie disparaît, ce qui conforte la personne dans l'idée qu'il n'y a pas de raison de s'inquiéter.

La névrite optique est, dans 50 % des cas, un signe annonciateur du déclenchement de l'auto-immunité de la sclérose en plaques. Parmi ces 50 %, 70 % déclencheront effectivement la sclérose en plaques dans les 5 années qui suivent alors que les 30 % restants ne verront pas d'évolution.

D'autres facteurs importants pour la santé, comme l'alimentation, ont été beaucoup moins étudiés que le statut en vitamine D. Quelques études existent tout de même et nous les dévoilerons plus loin. Nous verrons qu'en changeant quelques habitudes alimentaires courantes, il devient possible d'agir significativement sur la maladie, même lorsque celle-ci est déjà à un stade bien avancé, au point de ralentir son évolution, au moins partiellement, parfois totalement. Cela peut paraître curieux de prime abord, d'autant plus après la lecture de ce chapitre dans lequel nous avons découvert que les causes primaires de la sclérose en plaques n'ont rien d'alimentaire. Pourtant, comme nous le verrons, l'alimentation joue un rôle de barrière et c'est cette forme de protection qui explique l'absence totale de sclérose en plaques dans certaines régions du globe (voir page 91).

Pour l'heure, examinons le rôle joué par les hormones notamment lors de la grossesse, l'effet surprenant du tabagisme, et l'implication éventuelle des vaccins.

>>> Tabagisme et sclérose en plaques

Dans les années 1970, la recherche se concentre sur le rôle joué par les hormones dans la sclérose en plaques, ceci parce que les femmes sont nettement plus touchées par la maladie que les hommes. Dix-sept mille femmes anglaises seront ainsi recrutées entre 1968 et 1974 au planning familial, dans le but de déterminer si la prise de la pilule contraceptive a un quelconque rôle dans la maladie.

Après un suivi moyen de 21 ans, l'étude ne trouve pas de lien. En revanche, elle découvre tout à fait fortuitement que les femmes qui fument 15 cigarettes par jour ou plus ont 80 % de risque supplémentaire d'être touchées[45] ! Dans une étude réalisée quelques années plus tard, cette fois sur 46 000 femmes anglaises, le tabagisme augmentait le risque de 40 %[46]. Aux États-Unis en 2001, l'analyse de l'état de santé de plus de 200 000 infirmières à travers tout le pays montrera que le tabagisme augmente l'incidence de la maladie de plus de 70 %[47]. Enfin, la dernière étude, publiée par les chercheurs de Harvard en 2005, fait état d'une augmentation du risque de 30 % pour les fumeurs[48].

Bien sûr, ces résultats ne sont pas aussi enthousiasmants que les premiers pas de l'homme sur la Lune, tout le monde sait bien que la cigarette est un produit particulièrement nocif, mais c'est une deuxième analyse des données qui révélera un aspect essentiel : le tabagisme accélère la fréquence des poussées (donc du handicap) et accélère de 200 à 300 % le passage d'une forme récurrente intermittente à une forme progressive de la maladie, bien plus grave[49, 50]. Ces éléments doivent inciter fortement ceux qui fument à arrêter, car la forme progressive de la maladie est une évolution incontrôlée de l'auto-immunité. Si on peut raisonnablement espérer contrôler la forme récurrente, c'est plus difficile en revanche dans le cas de la forme progressive. Nous verrons page 87 les solutions qui peuvent être envisagées pour se désaccoutumer du tabac.

>>> Le rôle de la grossesse

Les maladies auto-immunes en général sont plus fréquentes chez les femmes que chez les hommes. Cette particularité bien connue n'a toujours pas trouvé d'explication totalement satisfaisante. On sait que les estrogènes, hormones féminines, favorisent la production de messagers immunitaires qui ont tendance à atténuer l'inflammation[51]. Ceci expliquerait pourquoi les femmes qui tombent enceintes voient leur sclérose en plaques entrer en rémission. Pour certaines d'entre elles, ce serait même un motif suffisant pour vouloir enfanter. Malheureusement, ce calcul n'est pas judicieux, tout d'abord car la rémission est toujours transitoire – cela a même été observé dans des études expérimentales dans lesquelles on a testé l'effet d'une supplémentation en estrogènes au long cours ; mais aussi, car les études montrent qu'après la grossesse, la maladie connaît une accélération très significative[52, 53] ! Il peut être dérangeant de voir les choses sous cet angle, mais il me semble qu'une femme touchée par une forme sévère de la maladie devrait réfléchir à deux fois avant d'envisager une grossesse.

>>> Le rôle de la vaccination

Dans les années 1990, le lancement d'une campagne de vaccination massive contre l'hépatite B a suscité l'inquiétude en France. Plusieurs personnes ont déclaré une sclérose en plaques peu après la vaccination. Fort logiquement ces personnes ont attribué l'apparition de la maladie au vaccin. Afin de déterminer si cette inquiétude était justifiée, les scientifiques ont lancé plusieurs études dans différents pays. Sur 7 études menées, 5 concluront à une absence totale de lien[54, 55, 56, 57, 58] et deux (une étude française et une étude anglaise) remarqueront « une augmentation non significative du risque »[59, 60]. En d'autres termes, cela signifie que dans deux études, le vaccin contre l'hépatite B augmente légèrement le risque de sclérose en plaques, mais qu'il n'est pas possible de savoir si cette augmentation est le fruit du hasard ou la conséquence de la vaccination.

Il est intéressant de rappeler qu'aujourd'hui, en 2015, les autorités de santé prônent la plus grande méfiance quant à la vaccination de personnes touchées par une maladie auto-immune. Ces précautions sont un aveu à demi-mot de l'existence d'un lien entre les deux événements. Et ce lien est facile à comprendre.

Le principe d'un vaccin est le suivant : pour parler trivialement, on injecte un virus à moitié mort. Celui-ci est reconnu par notre système immunitaire qui n'a aucun mal à le neutraliser puisqu'il est à moitié mort. Ensuite, la mémoire immunitaire fait le reste. Si d'aventure le système immunitaire rencontrait le vrai virus, il saura immédiatement produire les anticorps capables de le détruire. C'est en tout cas ainsi que cela devrait se passer en théorie mais en théorie seulement car notre système immunitaire ne lance pas de véritable attaque contre un ennemi à moitié mort : il voit bien qu'il est déjà à moitié mort ! Dès lors, la mémoire immunitaire ne s'enclenche pas forcément. Pour y remédier, la grande majorité des vaccins incluent des substances appelées « adjuvants », dont le rôle est de stimuler l'immunité, comme pour lui faire croire que l'ennemi présenté est vivant. La conséquence est évidente : si une maladie auto-immune est sur le point de se déclencher, cette stimulation excessive de l'immunité générale va la précipiter. Voilà pourquoi il n'y a pour moi aucun doute que la vaccination contre l'hépatite B joue un rôle dans la sclérose en plaques, mais comme n'importe quel vaccin.

Néanmoins, si la maladie auto-immune s'est déclenchée, c'est aussi parce que tous les facteurs favorisants dont nous avons parlé précédemment étaient présents. Il y avait donc, de toute façon, de fortes chances que la maladie se déclare un jour ou l'autre. D'une manière générale, seuls les vaccins obligatoires à savoir diphtérie, tétanos, poliomyélite devraient être réalisés en cas de maladie auto-immune ou d'antécédents familiaux prédisposants.

3

Diagnostic, évolution et espoir

P arce que la médecine est une science, on a souvent tendance à croire qu'elle est toujours exacte. Or, en réalité, il s'agit d'une science biologique, qui se heurte à la complexité du vivant dans son ensemble et donc à l'incapacité de normer et de définir les individus de manière générale.

Cette complexité s'illustre très bien dans le cas de la sclérose en plaques, maladie pour laquelle il n'existe actuellement aucune méthode de diagnostic fiable à 100 %, contrairement à d'autres pathologies qui ne nécessitent qu'une simple prise de sang pour être mises en évidence.

Le diagnostic de la sclérose en plaques est en fait si complexe qu'un consensus international sur le sujet n'a été trouvé qu'en 2001[61]. Les critères diagnostiques qui ont été mis au point à l'époque ont très nettement changé depuis, c'est pourquoi nous nous attacherons principalement à expliciter les plus récents, publiés en 2010, sous le nom de « critères de MacDonald », ce qui n'a rien à voir avec les sandwichs du même nom[62].

Parce que la sclérose en plaques n'est pas facile à diagnostiquer d'emblée, un des premiers éléments consiste à s'assurer que toute autre hypothèse pouvant expliquer les symptômes observés a été écartée. Cela commence par une visite chez le médecin généraliste qui devra avant toute chose vérifier que les paramètres suivants sont normaux, via une prise de sang[63] :

◆ numération formule sanguine,
◆ fonction rénale et hépatique,
◆ taux de calcium dans le sang,
◆ taux de sucre dans le sang,
◆ fonction thyroïdienne,
◆ taux de vitamine B12 dans le sang,
◆ sérologie du VIH.

Si ces éléments sont normaux, un neurologue vérifiera ensuite que le problème ne provient pas d'une autre maladie neurologique. Si aucune autre maladie ne permet alors d'expliquer les symptômes, il appliquera les critères de MacDonald (voir tableau ci-contre).

Les critères de MacDonald illustrent particulièrement bien le tâtonnement de la science face à cette maladie. On constate en effet à la première ligne du tableau que le diagnostic de sclérose en plaques peut être confirmé même si les examens hyperpointus comme l'IRM ne montrent absolument rien. Ces cas concerneraient jusqu'à 25 % des malades[64, 65].

CRITÈRES DE DIAGNOSTIC DE MACDONALD

ÉLÉMENTS CLINIQUES (RESSENTIS OU MESURÉS)	ÉLÉMENTS COMPLÉMENTAIRES NÉCESSAIRES POUR LE DIAGNOSTIC
2 poussées neurologiques ou plus[1] et 2 lésions objectives du système nerveux[2] ou 1 lésion passée identifiée comme consécutive à une poussée	Aucune : les symptômes cliniques sont suffisants
2 poussées neurologiques ou plus[1] et 1 lésion objective du système nerveux[2]	Diffusion des lésions dans l'espace, démontrée par : Au moins 1 lésion T2 à l'IRM dans l'une des 4 régions du système nerveux central touchées fréquemment par la sclérose en plaques (périventriculaires, sous-tentorielles, juxtacorticales ou médullaire) ou Survenue d'une poussée supplémentaire impliquant une autre zone du système nerveux central[1]
1 poussée neurologique[1] et 2 lésions objectives du système nerveux ou plus[2]	Diffusion des lésions dans le temps, démontrée par : Présence simultanée de lésions visibles à l'IRM à tout moment avec ou sans utilisation d'un produit de contraste (gadolinium) ou Une nouvelle lésion T2 et/ou une nouvelle lésion visible au gadolinium via l'IRM à n'importe quel moment ou Survenue d'une poussée supplémentaire[1]
1 poussée neurologique[1] et 1 lésion objective du système nerveux[2]	Diffusion des lésions dans le temps et dans l'espace, démontrée par les 2 éléments supplémentaires de diagnostic ci-dessus

ÉLÉMENTS CLINIQUES (RESSENTIS OU MESURÉS)	ÉLÉMENTS COMPLÉMENTAIRES NÉCESSAIRES POUR LE DIAGNOSTIC
Problèmes neurologiques progressant insidieusement et suggestifs d'une sclérose en plaques (sclérose en plaques de forme progressive)	Progression de la maladie depuis au moins un an et présence de 2 des 3 critères suivants : Présence d'une diffusion des lésions dans l'espace avec au moins 1 lésion T2 visible à l'IRM dans les régions fréquemment touchées (périventriculaires, sous-tentorielles juxtacorticales ou médullaire) Présence d'une diffusion des lésions dans l'espace avec au moins 2 lésions T2 médullaires Prélèvement du liquide céphalo-rachidien positif (mise en évidence d'IgG)

(1) On entend par « poussée neurologique », un épisode de progression de la maladie. On observe pendant ces poussées un ou plusieurs des symptômes suivants : perte partielle ou totale de la vue d'un œil accompagnée de douleurs, vision double, troubles de la sensibilité ou faiblesse ou les deux, problèmes d'équilibre avec tremblements ou maladresse pouvant aller jusqu'à l'incapacité de se mouvoir, sensations anormales tout le long du dos et parfois dans les membres, en particulier lorsqu'on penche la tête en avant (signe de Lhermitte). Les symptômes d'une poussée sont perceptibles pendant plus de 24 heures, persistent et s'aggravent pendant plusieurs jours jusqu'à plusieurs semaines avant de s'améliorer partiellement. Pour pouvoir être attribuée à la sclérose en plaques, une poussée doit toujours survenir en l'absence d'une fièvre ou d'une infection. Les symptômes qui n'ont pas disparu sont appelés « séquelles ».

(2) Les éléments de la colonne de gauche (éléments cliniques) ne sont pas mis en évidence consécutivement à un examen d'imagerie comme l'IRM. Une lésion objective du système nerveux est donc comptabilisée lorsqu'on peut observer une séquelle d'une poussée neurologique. Par exemple, l'incapacité à marcher correctement depuis un événement ressemblant à une poussée est considérée comme une lésion objective du système nerveux.

Il existe au moins une dizaine de maladies qui peuvent provoquer des symptômes identiques à ceux de la sclérose en plaques.

Ces maladies sont tantôt considérées comme des entités à part entière, tantôt comme des « variantes » de sclérose en plaques, mal définies.

On trouve dans cette liste entre autres la neuromyélite optique, l'encéphalomyélite aiguë disséminée, la maladie de Schilder... La distinction entre ces variantes importe finalement peu, car même si les causes et les mécanismes de ces maladies peuvent être totalement différents, leur manifestation clinique est similaire et les moyens d'action restent exactement les mêmes : ceux que nous allons voir dans la suite de ce livre.

Par ailleurs, il est important de préciser que lors de la rédaction des derniers critères de MacDonald, les chercheurs ont précisé que « le seul moyen de diagnostic totalement fiable pour la sclérose en plaques est l'autopsie. » En conclusion : si vous n'êtes pas tout à fait certain d'avoir une sclérose en plaques, que ce soit à cause d'une hésitation du corps médical ou d'une incertitude qui vous touche, rassurez-vous : c'est normal !

Par ailleurs, lors de la mise au point de ces critères, les chercheurs ont conclu leur rapport en rappelant qu'il arrivait de plus en plus fréquemment qu'on découvre des lésions du système nerveux, spécifiques de la sclérose en plaques, lors d'une IRM initialement effectuée pour un autre motif, mais que ces lésions n'étaient pas suffisantes pour poser le diagnostic de sclérose en plaques, car toutes ces personnes ne développent pas les signes cliniques de la maladie au fil du temps. En réalité, ces lésions sont bien celles d'une sclérose en plaques, mais pour un petit nombre de personnes, la sclérose en plaques est une maladie qui disparaît spontanément. Ce n'est pas le fruit du hasard, c'est tout simplement parce que ces individus ont mis en place volontairement ou involontairement des changements dans leur mode de vie qui empêchent le développement de la maladie ou qui peuvent la contenir, c'est ce que nous allons voir dans les pages qui suivent.

LE TEST DU BAIN CHAUD

La plupart des personnes touchées par la sclérose en plaques rapportent que leurs symptômes s'aggravent lorsqu'elles sont exposées au chaud et s'améliorent quand elles sont exposées au froid. Il peut s'agir de la chaleur consécutive à une activité physique, au cycle menstruel ou tout simplement à une température ambiante plus élevée. Cette particularité fut exploitée pendant un temps pour diagnostiquer la sclérose en plaques : on proposait aux gens le test du bain chaud[66]. Les chercheurs pensent que cet effet de la température s'explique par une amélioration de la conduction de l'influx nerveux dans le système nerveux endommagé[67].

>>> Les premiers signes : ouvrez l'œil !

Dans la plupart des cas de sclérose en plaques, la maladie ne se déclenche pas brusquement, il y a des signes avant-coureurs. Le plus souvent, le premier signe est l'apparition d'une névrite optique. Nous l'avons vu, il s'agit d'une inflammation des nerfs optiques qui provoque généralement une perte de vision totale ou partielle pendant une durée de quelques heures à quelques jours et ensuite tout redevient normal. Trente pour cent des personnes qui ont eu une névrite optique déclencheront une sclérose en plaques dans les 5 ans qui suivent et 50 % d'entre elles auront une sclérose en plaques dans les 15 ans[68] !

De nombreuses études ont montré que ce symptôme signait la mise en place du processus auto-immunitaire caractéristique de la sclérose en plaques – le système immunitaire s'attaque à ses propres tissus, notamment la gaine de myéline qui entoure les fibres nerveuses du cerveau et de la moelle épinière[69]. Le fait que l'on déclenche ou non la sclérose en plaques après cet événement dépend de facteurs environnementaux : il est fort probable que quelqu'un qui a une hygiène de vie déplorable ait plus de risque que quelqu'un qui se nourrit bien, fait du sport et évite le stress. Mais le facteur le plus important à ce stade de la maladie est probablement une simple vitamine, si on en croit l'académie de médecine brésilienne.

En effet, pour que l'auto-immunité se déclenche, le système immunitaire doit confondre le « soi » avec le « non-soi ». Cette « erreur » est fortement facilitée en cas de déficit en vitamine D et c'est d'ailleurs pour cette raison qu'il s'agit d'un important facteur de risque de la sclérose en plaques (voir page 38). En cas de névrite optique, plusieurs études ont mis en évidence qu'une supplémentation en vitamine D à dose suffisante (voir page 80) était de loin le traitement le plus efficace pour empêcher que la sclérose en plaques ne s'installe définitivement : le risque baisse jusqu'à 70 %, c'est bien au-delà de ce que peut proposer n'importe quel médicament[70, 71].

À la suite de ces résultats, les chercheurs en neurologie de l'académie de médecine brésilienne ont émis des recommandations très claires : toutes les personnes atteintes de névrite optique devraient prendre de la vitamine D en complément alimentaire[72], un conseil qui n'est malheureusement pas repris par les autorités sanitaires, qui sont depuis toujours opposées à l'utilisation des vitamines de manière systématique par la population.

>>> L'alpha et l'oméga de la sclérose en plaques

Bien que la sclérose en plaques fasse l'objet d'intenses recherches depuis de nombreuses années, elle est loin d'avoir révélé tous ses secrets.

Nous avons vu que la maladie trouvait son origine dans une réaction croisée avec le virus herpès 4 mais dans le détail, quelle est la cascade d'événements qui se produit dans le corps pour conduire à la perte de fonctions neurologiques essentielles comme la vision ou la motricité ? Quels sont les mécanismes biologiques en jeu ?

Nous allons tenter de le découvrir en faisant le point sur l'état des connaissances actuelles. Le texte qui suit pourra sembler hermétique à certains, voire inutile, il est en réalité fondamental, car il explique pourquoi il est possible, sans l'ombre d'un doute, de ralentir l'évolution de la sclérose en plaques, voire de la stopper et même de faire régresser la maladie grâce à une approche globale totalement naturelle... Ce paragraphe devra peut-être faire l'objet d'une relecture ultérieure pour en parfaire la compréhension.

Avant d'entrer dans le détail, il nous faut rappeler tout d'abord que le système nerveux du corps humain comporte deux sous-sytèmes : le système nerveux périphérique d'une part (les nerfs) et le système nerveux central d'autre part (le cerveau et la moelle épinière). Ce dernier est physiquement distinct du premier, car entouré d'une barrière de protection dont le rôle est d'empêcher tout agresseur potentiel d'y parvenir : **la barrière hémato-encéphalique** (voir schéma ci-contre).

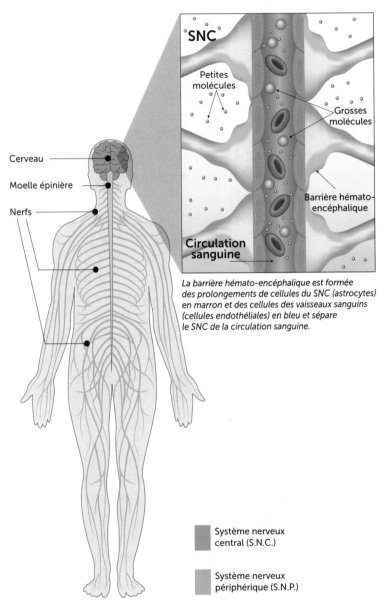

SNC

Petites molécules

Grosses molécules

Barrière hémato-encéphalique

Circulation sanguine

La barrière hémato-encéphalique est formée des prolongements de cellules du SNC (astrocytes) en marron et des cellules des vaisseaux sanguins (cellules endothéliales) en bleu et sépare le SNC de la circulation sanguine.

Cerveau

Moelle épinière

Nerfs

Système nerveux central (S.N.C.)

Système nerveux périphérique (S.N.P.)

Le système nerveux et la barrière hémato-encéphalique (en gros plan)

Il est probable que tout commence lorsque des cellules du système immunitaire (les lymphocytes T) situées dans la moelle osseuse ou la rate, réagissent très fortement à la présence de protéines du virus de l'herpès 4 dans le sang. Ces cellules immunitaires donnent alors naissance à d'autres cellules appelées Th1 et dont le rôle est de produire de l'interféron gamma, une sorte d'antiviral naturel extrêmement puissant. Cet antiviral naturel est si puissant qu'il a tendance à tout détruire sur son passage, il va alors déclencher de l'inflammation partout où il passe.

Le problème survient lorsque cette inflammation se déclenche à proximité du cerveau[73]. L'inflammation perturbe alors la barrière hémato-encéphalique : des molécules du système immunitaire parviennent à la traverser et reconnaissent faussement certaines de ses protéines comme appartenant au virus de l'herpès 4. Les protéines visées sont *au minimum* les « protéines basiques de la myéline » et des « oligodendrocytes » (cellules qui fabriquent la myéline). Lorsque ces protéines et ces cellules commencent à être détruites, cela donne lieu à une poussée de sclérose en plaques[74].

J'écris « au minimum », car actuellement, la recherche fondamentale n'a pas encore identifié précisément toutes les protéines du corps humain qui sont altérées par cette réaction croisée. Il est d'ailleurs probable que les protéines impliquées puissent changer au cours du temps et soient nombreuses[75, 76]. La certitude que la sclérose en plaques est une maladie auto-immune provient du résultat d'autopsies de malades. On a retrouvé dans le cerveau de ces personnes, des infiltrations immunitaires typiques des maladies auto-immunes. Comme nous le verrons plus loin, cette difficulté à identifier les protéines ciblées par la réaction auto-immunitaire est un obstacle majeur au développement de thérapies médicamenteuses.

Comme le virus de l'herpès 4 est toujours présent, tapis dans nos cellules, et ne peut pas être éliminé, la sclérose en plaques est une maladie *continue*, bien qu'elle puisse être ressentie comme rémittente (voir encadré page 59). La fréquence des poussées va donc dépendre de deux éléments essentiels : d'une part de l'agressivité d'herpès 4 dans notre organisme et d'autre part de la capacité de notre barrière hémato-encéphalique à laisser passer ou non des molécules inflammatoires du système immunitaire. Ces deux éléments, et ces deux éléments seulement, expliquent la grande variété des symptômes dans cette maladie. On comprend aussi que si on arrive à agir sur ces deux phénomènes (en réduisant l'activité du virus herpès 4 et en garantissant l'intégrité de la barrière hémato-encéphalique), on pourra contrôler fortement la maladie. C'est exactement ce qu'essayent de faire les médicaments avec plus ou moins de réussite et beaucoup d'effets secondaires. Mais il existe également de nombreux moyens naturels d'y parvenir.

À RETENIR

La sclérose en plaques est une maladie auto-immune. Le scénario biologique qui la déclenche est complexe. Une cascade d'événements a lieu en périphérie du système nerveux : sur-réaction du système immunitaire vis-à-vis du virus herpès 4, forte inflammation dans tout l'organisme et augmentation de la perméabilité de la barrière hémato-encéphalique. Des molécules et des cellules du système immunitaire parviennent à s'infiltrer dans le système nerveux central et l'endommagent.

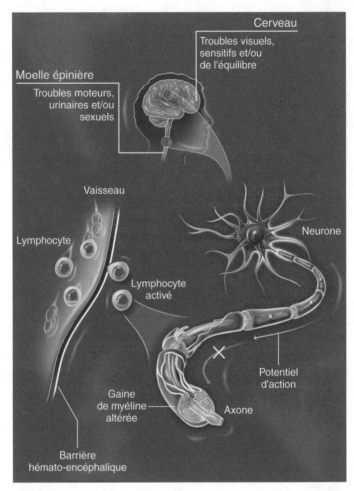

Attaquées par les lymphocytes, les gaines de myéline du cerveau et de la moelle épinière sont altérées, ce qui perturbe ou empêche la circulation de l'information. La maladie se manifeste par des poussées inflammatoires qui entraînent la démyélinisation. Au fil des poussées, la personne perd progressivement des fonctions neurologiques essentielles (vision, motricité, etc.).

- **La forme récurrente rémittente** : c'est la forme qui touche 85 % des malades. Elle se caractérise par des poussées aiguës au décours desquelles la récupération est totale ou partielle. Entre les poussées, la maladie n'évolue pas. Avec le temps, les séquelles s'accumulent.

- **La forme secondaire progressive** : c'est l'évolution de la forme récurrente rémittente, elle touche 40 % des malades au bout de 10 ans. Elle se caractérise par une évolution de la maladie même en dehors des poussées. Au décours des poussées, les rémissions partielles se font de plus en plus rares.

- **La forme primaire progressive** : elle touche 10 % des malades. Elle est caractérisée par une progression constante de la maladie, sans perception du phénomène de poussées et quasiment sans plus aucune récupération au fil du temps.

- **La forme progressive récurrente** : c'est la plus rare et la plus grave, elle touche 5 % des malades. Elle s'apparente à la forme primaire progressive mais avec des poussées nettement identifiables.

>>> Médicaments : êtes-vous une souris ?

Pour mettre au point de nouveaux médicaments, la médecine moderne procède toujours de la même façon. Dans un premier temps, on teste l'hypothèse d'un traitement sur le papier, ou plutôt sur un ordinateur. Ensuite on teste sa cohérence dans un modèle de culture cellulaire en laboratoire, dans des tubes à essai. Vient ensuite la phase des essais sur des êtres vivants : on prend donc des souris qu'on essaye de rendre malades, éventuellement en provoquant des mutations génétiques, puis on teste sur elles le traitement expérimental. Autant dire que la loi sur le respect de la vie animale a encore un peu de chemin devant elle !

Toujours est-il que ce processus présente un inconvénient évident : avant de pouvoir tester l'efficacité d'un traitement, il faut pouvoir déclencher la maladie sur commande, ce qui implique de l'avoir particulièrement bien comprise. De plus, il faut que le modèle animal (ici, la souris) se comporte de manière très similaire à l'Homme.

Malheureusement, ce n'est pas le cas de la souris car celle-ci ne peut pas être infectée par le virus de l'herpès 4, ce dernier étant spécifiquement humain. Dès lors, les expériences animales pour la sclérose en plaques sont touchées depuis toujours par un biais de construction qui rend leurs résultats parfois justes, parfois totalement faux et souvent très discutables.

La maladie apparentée à la sclérose en plaques qui est provoquée chez les souris porte donc un nom différent. On l'appelle « encéphalomyélite auto-immune expérimentale » (EAE). Pour la déclencher, la méthode la plus fréquemment utilisée consiste à injecter à des souris des protéines de myéline, mélangées à une substance qui « booste » le système immunitaire, un adjuvant. L'adjuvant en question peut être une bactérie inactivée, de l'aluminium ou l'adjuvant de Freund (un mélange chimique d'huiles modifiées)[77]. Il s'agit du principe de la vaccination, ce qui laisse penser que toute vaccination, en stimulant excessivement l'immunité, est bel et bien un facteur de risque de sclérose en plaques (voir page 44).

Selon les modèles expérimentaux d'EAE, la protéine injectée et/ou les adjuvants vont différer, de même que la technique utilisée, le moment de l'injection ou le lieu de l'injection. Toutes ces différences font qu'il existe de nombreuses variantes d'EAE, mais qu'aucune ne reflète réellement ce qui se passe chez l'Homme[78]. C'est en raison de ces différences fondamentales que les découvertes faites sur les souris et relayées dans la presse doivent être interprétées avec précaution. Cela vaut bien entendu pour la découverte de nouveaux médicaments, mais aussi pour l'utilisation de substances naturelles : l'acide alpha-lipoïque par exemple, un antioxydant disponible en complément alimentaire, serait capable selon une étude de bloquer et d'inverser totalement l'EAE sans aucune autre intervention[79]. Or chez l'homme, la seule étude menée n'a trouvé qu'un effet très modeste, quasi nul, même à très fortes doses[80].

>>> Les médicaments disponibles

Les médicaments approuvés dans le traitement au long cours de la sclérose en plaques sont au nombre de 5 à l'heure où j'écris ces lignes. Ils agissent au niveau de l'un ou l'autre des événements décrits précédemment.

◆ **L'interféron bêta** (Avonex®, Betaféron®, Etaféron®, Extavia®, Rebif®) : ce médicament est considéré comme un immunomodulateur, bien qu'on n'en connaisse pas le mécanisme d'action exact. Son action probable se situe au niveau de la barrière hémato-encéphalique. En diminuant sa perméabilité, il diminue d'autant le passage dans le système nerveux central des molécules inflammatoires du système immunitaire[81]. Les effets secondaires sont relativement nombreux, parmi lesquels : problèmes hépatiques, symptômes grippaux (fatigue, fièvre, douleurs), troubles du transit, problèmes de sommeil, dépression[82]. Théoriquement, l'interféron pourrait diminuer la fréquence des poussées de 30 % environ.

◆ **L'acétate de glatiramère** (Copaxone®) : également considéré comme immunomodulateur, il agirait en détournant de leur but les anticorps dirigés contre la myéline. Son efficacité est comparable à celle de l'interféron,[83] mais les effets secondaires sont un peu différents : symptômes grippaux, difficultés respiratoires, anxiété, palpitations et réactions cutanées au point d'injection[84]. Les autorités de santé américaines ont également répertorié de très graves effets secondaires au niveau cardiovasculaire, digestif, visuel ou musculaire, mais le laboratoire fabricant considère que ces troubles ne sont pas liés à la prise du médicament…

◆ **Le fingolimod** (Gilenya®) et **le mitoxantrone** (Elsep®) : ils sont considérés comme des immunosuppresseurs. Le fingolimod agirait en bloquant la production des lymphocytes agressifs au niveau de la moelle osseuse, ce qui diminuerait d'autant leur arrivée dans le système nerveux central[85]. Quant au mitoxantrone, il agirait en diminuant la perméabilité de la barrière hémato-encéphalique[86]. L'inconvénient de ces deux traitements est leur niveau de dangerosité qui est considéré comme très élevé, avec notamment une toxicité cardiaque avérée et un risque de leucémie myéloïde aiguë (cancer des globules blancs)[87], qui font limiter leur utilisation aux formes sévères de la maladie, en particulier les formes progressives.

◆ Enfin, le **natalizumab** (Tysabri®) : c'est un anticorps monoclonal humain, c'est-à-dire une molécule du système immunitaire, dirigée contre l'alpha-4-intégrine, une molécule utilisée par les lymphocytes pour pénétrer les barrières perméables de l'organisme comme la barrière hémato-encéphalique ou la barrière intestinale. Son action consisterait donc à diminuer la perméabilité de la barrière du système nerveux central. Cette propriété conduit à l'utiliser également contre la maladie de Crohn (dans laquelle c'est l'hyperperméabilité intestinale qui est problématique). Malgré son efficacité, ce médicament a de très graves effets secondaires. Il est notamment impliqué dans la survenue d'une maladie rare, mais mortelle, la leucoencéphalopathie multifocale progressive, dans laquelle le système nerveux central est attaqué de toutes parts. Le malade plonge rapidement dans un état végétatif et finit par décéder[88, 89, 90]. Il est donc réservé aux situations extrêmes.

À ces traitements utilisés sur le long terme, il faut ajouter les traitements sur le court terme, à l'efficacité notable lorsqu'ils sont mis en place suffisamment tôt, ce qui est rarement le cas en pratique. Il s'agit de l'administration de puissants anti-inflammatoires (les corticoïdes) dès les premiers signes d'une poussée, dans le but de l'enrayer.

SCLÉROSE EN PLAQUES ? MÉFIEZ-VOUS DES *CONNECTIVITÉS*...

Les maladies auto-immunes ont cela de particulier qu'une fois que l'une d'elles est déclenchée, il devient de plus en plus facile d'en déclencher une autre. On appelle cela « les connectivités ». Cela tient notamment au cercle vicieux de stimulation excessive dans lequel le système immunitaire est entré, mais aussi au fait que certains facteurs aggravants ne sont jamais pris en considération et traités (par exemple un taux de vitamine D bas).

Ainsi, la sclérose en plaques est associée à un risque plus élevé de développer d'autres maladies auto-immunes : les maladies chroniques inflammatoires de l'intestin (maladie de Crohn, rectocolite hémorragique), l'uvéite, la pemphigoïde bulleuse (maladie auto-immune de la peau).

Les risques de spondylarthrite ankylosante, polyarthrite rhumatoïde, myasthénie, syndrome de Guillain-Barré et d'anémie pernicieuse seraient peut-être aussi plus élevés, mais les données scientifiques restent insuffisantes pour pouvoir l'affirmer[91].

La sclérose en plaques sensibiliserait également à d'autres maladies, qui ne sont pas auto-immunes, pour des raisons inexpliquées.

On note dans cette catégorie le syndrome du côlon irritable, la fibromyalgie, la cataracte, le glaucome et les maladies pulmonaires[92]. Le risque d'endométriose serait aussi un peu plus élevé[93, 94].

Les études montrent également que les malades de sclérose en plaques sont plus fréquemment touchés par la dépression et les problèmes d'anxiété[95]. On pourrait penser qu'il s'agit d'un phénomène normal lorsque l'on est confronté à une maladie de ce type, mais en réalité, un travail de chercheurs en neurosciences canadiens, publié en 2014, a montré que la dépression de la sclérose en plaques était distincte de la dépression « classique », qui touche la population générale. Il est probable que la dépression de la sclérose en plaques soit aussi et surtout déclenchée par les attaques du système nerveux central, qui affaiblissent considérablement les capacités intellectuelles telles que la concentration ou la mémoire, mais aussi la résilience, sorte de capacité à endurer des difficultés et qui existe en chacun de nous[96]. L'expérience d'Émilie abonde dans ce sens.

>>> Les perspectives de la recherche

En appréhendant mieux les mécanismes de la sclérose en plaques, comme nous venons de le faire, on entrevoit immédiatement la difficulté qui existe à trouver un médicament efficace et sans danger pour stopper l'évolution de la maladie, la prévenir ou mieux, la guérir.

À ce jour, il n'existe aucun traitement sur le marché ou en passe d'être mis sur le marché qui soit extrêmement prometteur. Toutefois, je suis plein d'espoir pour cette maladie. Je sais, pour l'avoir expérimenté, qu'on peut, au minimum, la stopper sans médicament, mais aussi que quelques chercheurs ont découvert une voie d'action particulièrement prometteuse. Ces travaux nous viennent de l'université de Queensland en Australie et leurs résultats ont été publiés en février 2014 dans la revue scientifique internationale *Multiple Sclerosis Journal*.

L'idée des chercheurs est simple : si c'est le virus de l'herpès 4 qui déclenche la sclérose en plaques, mais aussi qui l'entretient en provoquant des poussées récurrentes, le plus simple et le plus efficace ne serait-il pas de contenir l'infection par le virus de l'herpès 4 ? Cela peut sembler logique, mais cette approche se heurte à deux difficultés : les virus de l'herpès sont particulièrement résistants et il n'existe pas de médicament antiviral susceptible de le détruire ou d'aider à le contenir efficacement. Dès lors, la seule solution envisageable actuellement pour contenir le virus herpès 4 consiste à recourir à des **lymphocytes T autologues**. C'est cette piste qui a été explorée par les chercheurs de Queensland.

Les lymphocytes T autologues sont des lymphocytes (donc des globules blancs du système immunitaire qui luttent naturellement contre les virus) qui sont prélevés initialement sur un malade, cultivés en laboratoire, puis dirigés contre les protéines du virus de l'herpès 4, avant d'être réinjectés en quantité dans l'organisme du malade en question. Il s'agit donc d'une *transplantation* de son propre système immunitaire dans le but d'en décupler l'efficacité. L'avantage de cette thérapie est qu'elle n'a pas d'effet secondaire puisque les lymphocytes injectés sont reconnus par l'organisme (ils font partie du « soi »).

Dans leur étude, les chercheurs australiens ont injecté des lymphocytes T autologues dirigés contre herpès 4 à un malade touché par une sclérose en plaques de forme secondaire progressive, donc à un stade avancé. Le résultat fut remarquable : non seulement les poussées se sont arrêtées mais les marqueurs immunitaires ont indiqué une forte baisse de la réaction auto-immune et le malade a commencé à récupérer quelques fonctions neurologiques perdues[97]. À noter toutefois que ce n'est pas le traitement qui a permis directement au système nerveux de commencer à récupérer, c'est simplement la baisse de l'inflammation dans le système nerveux qui a permis au corps d'utiliser ses fonctions d'autoguérison, comme ce fut le cas pour Émilie et comme nous allons l'évoquer plus loin.

Cette thérapie autologue est sans aucun doute la plus prometteuse à ma connaissance pour les malades de la sclérose en plaques, mais elle se heurte à plusieurs problèmes. Tout d'abord, ce n'est pas un médicament, elle est donc financièrement beaucoup moins rentable pour les laboratoires, qui par conséquent s'y intéressent peu, et elle est extrêmement coûteuse pour le patient puisqu'il faut effectuer une culture de lymphocytes spécifique. Cette thérapie immunitaire n'est pas aussi nouvelle qu'elle y paraît : elle a été mise au point dans les années 1980 et a montré des résultats spectaculaires dans le traitement d'autres maladies graves comme le cancer, mais pour les raisons évoquées précédemment, elle reste encore très rarement utilisée. Il est donc fort probable que cette thérapie ne voit tout simplement jamais le jour à grande échelle pour soigner la sclérose en plaques, ce qui est absolument désastreux pour les malades…

PARTIE 2

Stopper la maladie naturellement

1

Le mode de vie anti-sclérose en plaques

P eut-on stopper l'avancée de la maladie ? Lorsqu'on est victime de la sclérose en plaques, le simple fait de vouloir se poser une telle question peut paraître curieux. Si les médicaments n'y parviennent pas, comment pourrait-il en être autrement ?

Quand j'ai connu Émilie, elle ne souhaitait pas prendre de médicament. Ses séjours en Bretagne étaient sa thérapie, disait-elle. Les bains froids qu'elle y prenait à n'importe quelle période de l'année lui faisaient énormément de bien, et le cannabis achevait de calmer ses douleurs tout en améliorant sa motricité, en attendant la fin de la poussée, qui laissait derrière elle chaque année plus de séquelles.

En tant que spécialiste de l'alimentation, mon premier réflexe pour l'aider fut de me demander : quels sont les effets du mode de vie sur l'évolution de la maladie ? Les malades ont-ils autant de poussées en France qu'en Asie ? Finissent-ils tous en fauteuil roulant s'ils refusent les traitements ? N'y a-t-il pas de différence selon que l'on mange « bien » ou « mal » ? C'est pour répondre à ces questions que j'ai passé des journées entières à lire et à rechercher dans les bibliothèques de médecine les liens entre sclérose en plaques, alimentation et mode de vie. Mes découvertes ont été pour le moins surprenantes : alors que le médicament de référence dans cette maladie se targue de diminuer la fréquence des poussées de 30 %, quelques simples changements d'alimentation ou de mode de vie peuvent arriver au même résultat. Alors que se passe-t-il quand on les associe ? Les poussées deviennent si rares qu'à l'échelle d'une vie, on n'en a plus !

>>> Comment agir sans médicament

Comme on l'a vu aux chapitres précédents, c'est une cascade d'événements qui donne naissance à une poussée de sclérose en plaques. Deux d'entre eux sont particulièrement importants : la **« réactivation » du virus de l'herpès 4** dans l'organisme et le **passage des molécules immunitaires dans le système nerveux central,** via la barrière hémato-encéphalique.

Depuis quelques années, les chercheurs ont d'ailleurs fait une découverte étonnante, mais finalement facile à comprendre : chez les personnes touchées par le VIH (virus du sida), la sclérose en plaques fait beaucoup plus de dégâts. Cela s'explique par l'effondrement des défenses immunitaires, qui rend le corps plus fragile face aux attaques du virus herpès 4. Mais que se passe-t-il pour les personnes qui ont le VIH et qui suivent le traitement antirétroviral classique (ce traitement permettant la reconstitution des défenses immunitaires) ? Les poussées diminuent très fortement. À tel point qu'en décembre 2014, des neurologues américains ont rapporté le cas exceptionnel d'un homme touché par la sclérose en plaques et le VIH chez qui le traitement du VIH a engendré une rémission totale de la sclérose en plaques pendant plus de 12 ans[98] !

En janvier 2015, des chercheurs londoniens ont passé en revue les bases de données médicales concernant plus de 5 millions de patients anglais : ils ont découvert que les personnes touchées par le VIH qui prenaient le traitement antiviral avaient un risque de sclérose en plaques diminué de plus de 60 %[99]. Il est donc probable que le traitement antiviral du VIH agisse également sur le virus de l'herpès 4, ce qui protège indirectement des poussées. Agir sur herpès 4 est donc bien efficace, comme l'a montré la thérapie expérimentale des lymphocytes autologues (voir page 65), mais actuellement cette voie reste fermée et surtout, accompagnée de nombreux effets secondaires si les médicaments sont utilisés.

Reste la question de la **perméabilité de la barrière hémato-encéphalique**. On sait depuis le début des années 2000, grâce à des chercheurs italiens, qu'une enzyme et une protéine capitales contrôlent la perméabilité du système nerveux central. Elles se nomment respectivement la métalloprotéinase matricielle 9 (MMP-9) et l'inhibiteur tissulaire de la métalloprotéinase 1 (TIMP-1) ; deux termes qui peuvent être utilisés pour impressionner ses convives dans un dîner ! MMP et TIMP sont déjà connus pour leur rôle dans les maladies cardiovasculaires : quand les niveaux de MMP sont élevés et les niveaux de TIMP sont bas, les artères ne cicatrisent pas correctement. Le phénomène est le même au niveau de la barrière hémato-encéphalique : quand MMP-9 est élevé et que TIMP-1 est bas, l'inflammation gagne le cerveau, la poussée démarre[100]. Des travaux extrêmement récents (février 2015) ont d'ailleurs montré que les niveaux de MMP-9 et TIMP-1 suivent de manière très précise et concordante, l'évolution de la sclérose en plaques[101].

Parmi toutes les solutions envisageables à l'heure actuelle, agir sur la perméabilité de la barrière hémato-encéphalique reste le moyen le plus simple, le plus rapide, le plus efficace et le plus sûr. Et ça tombe bien, car il existe de nombreux moyens d'y parvenir.

>>> La recette des « 4 S et 1 T »

La recette des « 4 S et 1 T » n'a rien à voir avec la cuisine, mais avec le mélange de 5 éléments qui permet de diminuer de manière drastique le nombre de poussées de sclérose en plaques. Pour certaines personnes, elle suffit même à les supprimer totalement.

Premier S : le sommeil

C'est une banalité : bien dormir est important pour la santé. Mais pour les malades de sclérose en plaques, c'est **vital** ! Un manque de sommeil, un sommeil de mauvaise qualité ou un sommeil décalé pendant quelques jours seulement, suffit à augmenter la perméabilité de la barrière hémato-encéphalique, notamment via une élévation des niveaux de MMP-9 et donc le risque de poussées[102, 103]. Ces éléments du sommeil sont partiellement régulés par une hormone, la mélatonine. Plus précisément, on dit qu'elle régule le « rythme circadien », c'est-à-dire le cycle veille-sommeil. Ainsi, c'est grâce à elle que nous avons envie de dormir lorsque la nuit tombe et c'est à cause d'elle qu'il nous faut plusieurs jours d'adaptation lors d'un voyage lointain avec décalage horaire. Le lien entre sclérose en plaques et mélatonine est peu connu : il est pourtant très fort.

Première découverte : plus la maladie progresse, plus la production de mélatonine chute. Cela s'explique parce que la mélatonine n'est pas uniquement produite par la glande pinéale du cerveau, comme on le croit couramment. Elle est aussi produite par les astrocytes, des cellules qui jouent un rôle dans la réparation de la myéline abîmée et qui sont attaquées lors des poussées de sclérose en plaques[104, 105]. Dès lors, chaque poussée diminue la production de mélatonine, ce qui est l'une des raisons pour lesquelles plus la maladie progresse, plus les troubles du sommeil sont intenses, en particulier le sommeil non réparateur[106, 107].

Deuxième découverte : la mélatonine protège la barrière hémato-encéphalique[108, 109]. On entre ainsi dans un cercle vicieux : les poussées font baisser le taux de mélatonine (en raison de la défaillance des astrocytes), ce qui fragilise la barrière hémato-encéphalique, augmentant alors le risque de poussées, et ainsi de suite. La supplémentation en mélatonine est donc indispensable pour les malades à un stade avancé, c'est-à-dire, ceux dont la fatigue empêche de poursuivre une vie normale. Les études ayant testé l'effet de cette supplémentation ont montré une amélioration significative des défenses antioxydantes, de la qualité de vie et du sommeil[110, 111]. Plus récemment, une équipe de chercheurs argentins a montré en outre que la mélatonine agissait directement au niveau de l'immunité, en calmant les réactions croisées[112]. Ces études n'ont toutefois pas été poursuivies plus de 3 mois, ce qui reste trop faible pour pouvoir observer une baisse du nombre des poussées. Les doses utilisées étaient de l'ordre de 5 mg par jour, pris avant le coucher. La mélatonine est efficace dès la dose de 2 mg par jour, préférentiellement sous forme de « libération prolongée ». Elle peut être prescrite par le médecin sous l'appellation Circadin®. Il existe dans la littérature médicale un cas rapporté d'une malade de sclérose en plaques âgée de 28 ans qui serait parvenue à stopper l'évolution de sa maladie (forme primaire progressive) et à retrouver des fonctions neurologiques perdues, simplement en utilisant un complément alimentaire quotidien de mélatonine pendant 4 ans. Les doses utilisées étaient très importantes (50 à 300 mg par jour) et semblent bien expliquer la rémission, mais compte tenu du nombre très important d'éléments qui influencent la maladie, il est fort probable que ce bénéfice extraordinaire soit avant tout une exception[113].

Toutefois, tous les malades n'ont pas à se supplémenter en mélatonine. En particulier, ceux dont le sommeil est encore réparateur, même partiellement, auront des bénéfices bien plus importants, simplement en dormant davantage. En effet, notre sommeil est une succession de cycles, chacun durant environ 2 heures (représenté par un train sur le schéma ci-contre), et chacun étant plus réparateur que le précédent. Ce sont les phases de sommeil paradoxal qui sont responsables de la récupération du système nerveux[114]. En particulier, plus le temps passé en sommeil paradoxal est long, plus la barrière hémato-encéphalique se renforce[115]. La qualité du sommeil se modifie au cours de la nuit. Dans le premier tiers (les deux premiers « trains »), le sommeil lent est plus profond, dure plus longtemps : les deux premiers cycles comportent la presque totalité du sommeil lent profond. Le sommeil lent léger et le sommeil paradoxal sont proportionnellement plus importants en fin de nuit, donc lors des deux derniers cycles. Et si on dort une heure de moins, le temps passé en sommeil paradoxal est diminué par deux !

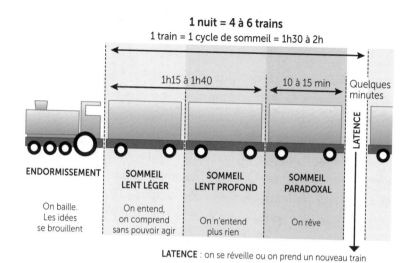

1 nuit = 4 à 6 trains
1 train = 1 cycle de sommeil = 1h30 à 2h

1h15 à 1h40 | 10 à 15 min | Quelques minutes

LATENCE

ENDORMISSEMENT | SOMMEIL LENT LÉGER | SOMMEIL LENT PROFOND | SOMMEIL PARADOXAL

On baille. Les idées se brouillent | On entend, on comprend sans pouvoir agir | On n'entend plus rien | On rêve

LATENCE : on se réveille ou on prend un nouveau train

Le train du sommeil

Pour que le temps passé en sommeil paradoxal soit suffisant, il faut atteindre 7 à 8 heures de sommeil par nuit.

La mélatonine prise en complément alimentaire augmente légèrement le temps total passé au cours du sommeil paradoxal[116], mais pas autant que si l'on dort plus longtemps. Les choses sont donc claires : si vous devez vous lever tous les jours à 5 heures du matin, que vous rentrez à 22 heures et que vous n'arrivez pas à atteindre 7 à 8 heures du sommeil par nuit au moins, il est indispensable d'envisager un changement de travail, un déménagement pour gagner en proximité avec celui-ci ou les deux. Si aucune de ces solutions n'est possible, un complément alimentaire de mélatonine est indispensable, pour pallier l'incapacité de production naturelle minimale ; mais tout en sachant que cela ne sera pas suffisant.

Émilie n'a pas eu recours à la mélatonine :

« *Lorsque mon état de santé est devenu trop lourd au quotidien, j'ai senti que mon employeur me poussait gentiment vers la sortie. Comment le blâmer : je ne tenais plus la distance et j'avais un poste à responsabilités. Comme nous avions toujours eu d'excellents rapports, je leur ai parlé de ma maladie et nous avons convenu ensemble d'une rupture conventionnelle. À partir de ce jour, mes nuits de sommeil sont passées de 5 heures à 9 heures, parfois même 10 heures ! Je suis certaine que j'aurais pu dormir encore davantage, comme si ma réserve de sommeil était inépuisable. Une vraie marmotte ! Je dormais tellement que j'en viens à me demander aujourd'hui comment j'ai pu tenir avec un tel déficit de sommeil pendant si longtemps. Je crois que pour résister, il me fallait occulter cette fatigue pesante qui s'était installée au fil du temps, doucement et insidieusement, sans que je comprenne à quoi elle était due. En particulier depuis cette dernière poussée qui avait ravagé beaucoup de choses sur son passage : elle avait laissé de la fatigue, des troubles de la mémoire et de la concentration, et d'autres "joyeusetés" inattendues pour une jeune femme au tempérament dynamique et volontaire.*

Toute la vie change quand on doit faire face à une multitude de modifications induites par la maladie. Il faut apprendre à se respecter, à faire le deuil de sa vie, de ses sensations, de ses capacités d'avant, à adapter son rythme à ses besoins et à prendre soin de soi. La mélatonine m'aurait sans doute apporté un bénéfice supplémentaire après cette poussée, mais quoi qu'il en soit, retrouver une quantité de sommeil suffisante a été pour moi indispensable pour affronter le programme de rééducation. »

* Le soir, prenez le temps de vous détendre et évitez les activités stressantes.
* Dormez au minimum 7 à 8 heures par nuit.
* Si besoin prenez un complément de mélatonine à libération prolongée : 2 à 5 mg/jour avant le coucher.

Deuxième S : le stress

Comme le sommeil, cela peut sembler être une banalité, mais le rôle du stress est important dans la maladie. Un travail intéressant, publié par une équipe de chercheurs danois en 2004, l'illustre bien : les chercheurs ont suivi plus de 300 000 adultes entre 1980 et 1997, parmi lesquels environ 21 000 d'entre eux avaient perdu un enfant âgé de moins de 18 ans. Au bout de 10 ans, ils ont constaté que les parents dont un enfant était décédé avaient un risque de sclérose en plaques augmenté de 42 %. Dans le cas où le décès de l'enfant avait été très brutal (par exemple, dans un accident de voiture), le risque était augmenté de plus de 110 %[117]. Par ailleurs, une fois la maladie déclenchée, être exposé à du stress augmente nettement le risque de poussées, de 30 à 60 % environ[118].

Ce que cela signifie est simple : en diminuant son exposition aux stress, on peut diminuer son risque de poussées de manière aussi efficace que les traitements médicamenteux de référence ! Mais là encore, comme pour le sommeil, diminuer son stress peut être difficile, ou amener à des choix de vie radicaux : changer de métier, divorcer, engager une procédure judiciaire pour faire respecter ses droits, ne plus voir certains membres de son entourage qui empoisonnent l'existence, etc. Dans tous les cas, je pense que le jeu en vaut la chandelle, car dans la sclérose en plaques, personne ne viendra s'excuser en vous rendant les fonctions neurologiques perdues... À noter que dans les études, c'est le niveau d'anxiété qui était le marqueur le plus fiable du stress : un ou des événements qui génèrent en vous une grande anxiété sont donc à fuir.

Le stress agit négativement dans la sclérose en plaques de deux manières : tout d'abord, il fragilise le système immunitaire, ce qui facilite les débordements du virus herpès 4 et ensuite, il augmente les niveaux de MMP-9, c'est-à-dire qu'il augmente la perméabilité de la barrière hémato-encéphalique, ce qui facilite d'autant les poussées[119].

S'il semble trop difficile de supprimer les facteurs de stress, il ne faut pas hésiter à se faire aider par un psychologue, un sophrologue, etc. Autant de méthodes qui peuvent aider à gérer les stress. Dans son travail et dans sa vie parisienne, Émilie baignait littéralement dans le stress : « *Mon boulot consistait à gérer constamment des situations d'urgences, dans un milieu dans lequel il fallait impérativement être performant et s'adapter en permanence. Le stress était quotidien. Les longs trajets pour me rendre sur mon lieu de travail étaient également source de stress. La ville aussi. C'était un peu comme un cercle vicieux, car la fatigue me fragilisait et me rendait moins endurante au stress et autres difficultés. On ne s'en rend pas nécessairement compte lorsque nous baignons dedans. Mais ce fut très frappant lorsque nous sommes partis vivre à la campagne : l'absence quasi soudaine de sources de stress m'a permis de comprendre combien cela avait eu de conséquences sur ma santé.* »

♦ Modifiez les éléments de votre vie qui sont sources de stress.

♦ Faites des exercices de relaxation, de méditation, de sophrologie.

♦ Pratiquez quotidiennement la cohérence cardiaque.

(Pour en savoir plus, consultez le site coherencecardiaque.org et le livre de David O'Hare. *Cohérence cardiaque 365*. Thierry Souccar Éditions, 2012.)

Troisième S : le soleil

On l'a vu dans les causes de la sclérose en plaques (voir page 38), le manque d'exposition au soleil est un facteur de risque du déclenchement de la maladie. Mais c'est aussi un facteur de risque de poussées : plus on s'éloigne de l'équateur et plus on s'expose régulièrement au soleil, plus le risque de poussée diminue[120, 121]. En revanche, cette diminution du risque n'existe pas pour ceux qui se couvrent allègrement de crèmes solaires, ce qui signifierait donc bien que c'est la vitamine D qui assure ce rôle protecteur (la vitamine D est produite dans la peau sous l'action des rayons UVB du soleil, en l'absence de protection cutanée). Il est donc judicieux de s'exposer au soleil lorsque c'est possible.

Concernant la prévention du cancer de la peau via la protection des UV, un juste milieu doit être trouvé : il suffit de s'exposer progressivement et modérément en adaptant sa protection à l'intensité du soleil pour habituer très progressivement sa peau (par-dessus tout, ce sont les expositions brutales et importantes qui décuplent le risque de cancer de la peau). Comme on l'a vu, une exposition de 15 à 20 minutes suffit pendant l'été pour produire suffisamment de vitamine D. On peut ensuite se protéger la peau et les crèmes solaires ne sont pas la seule solution : pensez au chapeau, au T-shirt, etc.

Bien qu'il paraisse simple de s'exposer au soleil, cela s'avère en fait vite compliqué : lorsque la maladie génère un handicap important, il n'est pas toujours possible de sortir quotidiennement pour s'exposer et, de toute façon, les rayons UVB du soleil qui touchent la France entre octobre et avril ne permettent pas la production de vitamine D dans la peau. Il n'y a donc qu'une seule solution pour garantir un taux de vitamine D normal tout au long de l'année : il faut se supplémenter.

Depuis quelques années, les chercheurs testent l'effet de la supplémentation en vitamine D sur le risque de rechutes. Jusqu'à présent, les résultats ont toujours été très controversés. Les synthèses des différentes études sur le sujet concluent globalement à une absence de conclusion[122, 123] ! Une lecture plus attentive de ces données montre que la supplémentation en vitamine D n'a aucun effet lorsque : la vitamine D utilisée est de la vitamine D2 (une forme de vitamine D végétale, différente de la vitamine D3 naturellement produite dans la peau lors de l'exposition au soleil), lorsque les doses sont faibles (400 à 800 UI par jour) et, paradoxalement, lorsque les doses sont correctes (autour de 4 000 UI par jour). En revanche, lorsque les doses utilisées sont très fortes (autour de 10 000 UI par jour), le risque de rechutes et de progression des lésions est diminué. Dans une étude canadienne dont l'objectif principal était simplement de tester la dangerosité de fortes doses de vitamine D chez les malades, des chercheurs ont même constaté la disparition de lésions à l'imagerie médicale (IRM), simplement par la supplémentation en vitamine D à fortes doses[124]. Dans cette étude, des doses allaient jusqu'à 28 000 UI par jour et il s'agit de doses inévitablement toxiques sur le long terme. Toutefois, de récents travaux ont mis en évidence que les malades de sclérose en plaques avaient une réponse anormale à la supplémentation en vitamine D : comparativement à une personne en bonne santé, il faut un apport de 20 % supérieur en vitamine D pour atteindre des taux équivalents dans le sang[125]. Tout se passe donc comme si la maladie « brûlait » la vitamine D[126].

La vitamine D agirait d'au moins 3 façons distinctes dans la sclérose en plaques : elle atténue les réactions croisées (effet immunomodulateur, donc qui « calme » les réactions immunitaires), elle diminue la perméabilité de la barrière hémato-encéphalique et elle aide l'organisme à contrôler la virulence du virus de l'herpès[127]. La supplémentation en vitamine D est donc une des bases de la stratégie anti-sclérose en plaques mais celle-ci est inefficace si elle est mal conduite (doses trop faibles ou trop espacées).

La limite de sécurité pour la supplémentation en vitamine D3 est aujourd'hui fixée à 10 000 UI par jour par les chercheurs[128]. Nous avons démarré la supplémentation à 12 000 UI pour Émilie. Une dose située entre 8 000 et 10 000 UI semble donc judicieuse et sécuritaire pour la plupart des malades. Une prise de sang de contrôle est nécessaire au bout de 3 mois de supplémentation, pour s'assurer que le niveau sanguin ne dépasse pas la valeur normale. Émilie explique : « J'ai commencé la vitamine D à 12 000 UI par jour, mais comme je suis parfois tête en l'air, il m'arrivait de ne pas en prendre certains jours. Dans ces cas-là, je doublais la dose le lendemain. Il m'arrivait aussi de mal compter les gouttes et d'en ingérer un peu plus que prévu. Je pense qu'au final mon apport quotidien devait plutôt être autour de 14 000 UI. Malgré cela, mon taux sanguin n'a pas dépassé 80 ng/mL (la limite maximale supérieure est située autour de 100).

Maintenant que je suis en rémission totale, je ne prends pas plus de 5 000 UI par jour ; mais c'est principalement parce que j'ai du mal à être sérieuse avec les compléments alimentaires ! ». La vitamine D3 s'achète à moindre coût sans ordonnance en pharmacie sous l'appellation ZymaD® en flacon compte-gouttes de 10 ml (moins de 3 euros le flacon, chaque goutte apportant 300 UI).

COMMENT NE PAS MANQUER DE VITAMINE D EN PRATIQUE

- Exposez-vous sans crème solaire (protégez-vous avec un chapeau) 15 à 20 minutes par jour d'avril à octobre.
- En dehors de cette période (ou si l'exposition solaire n'est pas possible), prenez un complément de vitamine D sous forme de vitamine D3 (ZymaD® en vente libre en pharmacie) : 8 000 à 10 000 UI/jour.
- À associer avec un complément de mélatonine (voir encadré ci-dessous).
- Vérifiez par une prise de sang au bout de 3 mois de supplémentation que votre taux sanguin n'a pas dépassé 100 ng/ml (taux maximal).

MÉLATONINE ET VITAMINE D, UN DUO À NE PAS NÉGLIGER

Malgré l'utilisation de fortes doses, il semble parfois que la vitamine D ne soit pas très efficace. On ne sait pas encore bien pourquoi, mais de récentes études suggèrent que cela pourrait être à cause d'un déficit en mélatonine : la vitamine D aurait en effet besoin de mélatonine pour exercer ses effets immunomodulateurs pleinement[129, 130]. La supplémentation en vitamine D ne doit donc pas se faire au détriment du « premier S ».

Quatrième S : le sport

L'action du sport dans la sclérose en plaques est très particulière. Elle a d'abord été mise en évidence dans les modèles expérimentaux EAE de la maladie. Les travaux sur les souris montraient que les rongeurs que l'on soumettait à un exercice physique régulier n'avaient pas moins de poussées de sclérose en plaques, mais les poussées étaient moins intenses, plus courtes et plus facilement améliorées pendant la période de récupération qui leur succède[131, 132, 133]. Les effets positifs du sport seraient la conséquence de la production d'une hormone durant l'activité physique, le facteur de croissance neurotrophique (BDNF), qui a une action neuroprotectrice (il protège les neurones) et stimulante de la régénération des neurones. Ceci préserve donc le système nerveux des attaques auto-immunes.

Toutefois, les études faites sur des humains chez lesquels on a testé l'effet du sport n'ont pas été aussi positives. La première raison est que les études en question ont principalement testé l'effet d'une activité de type « endurance », comme la course à pied ou le vélo, alors que ce sont les activités plus intenses musculairement (comme la musculation) qui semblent les plus bénéfiques. La production de BDNF consécutive à un entraînement d'endurance serait en effet cantonnée au cerveau, alors que celle consécutive à un entraînement de musculation a lieu d'abord dans les muscles, puis gagne le cerveau. Ainsi, la musculation offrirait une action totale de protection sur le système nerveux : dans un premier temps en sa périphérie (au niveau neuro-musculaire), puis au niveau central. Dans une étude canadienne sur 110 malades atteints de sclérose en plaques, ceux qui pratiquaient des efforts physiques de plus haute intensité voyaient leur risque de rechute diminué et leurs lésions visibles à l'IRM amoindries[134].

Les effets de la musculation ont pu être testés avec Émilie avec des résultats tout simplement extraordinaires, on va le voir plus loin page 144, mais elle n'est pas la seule. J'ai également rencontré des personnes qui avaient eu un diagnostic de sclérose en plaques dans leur jeunesse et qui, par de seuls changements de leur alimentation et en introduisant la musculation dans leur activité physique, n'avaient plus aucun symptôme depuis 10 ans et pouvaient même se considérer en rémission.

Bien entendu, dire qu'il faut « pratiquer du sport » peut être considéré d'une banalité effroyable, mais celui qui applique toutes ces banalités verra des changements très importants dans son état de santé. Là encore, nous allons nous étendre sur ce point plus loin (voir page 135). Enfin, ce conseil ne concerne évidemment que les personnes dont l'état de santé permet encore de pratiquer de telles activités physiques, c'est-à-dire celles chez lesquelles la maladie n'est pas encore à un stade trop avancé. Dans le cas où vous auriez perdu partiellement ou totalement votre mobilité, il existe d'autres techniques tout aussi efficaces, nous en discuterons dans la partie 3.

FAIRE DU SPORT EN PRATIQUE

- Si vous avez une mobilité suffisante, pratiquez 3 à 4 fois par semaine un sport de force comme la musculation, ou faites de l'escalade, des sports de combat, de l'aviron, du sprint, du saut en longueur, du rugby, etc.
- Si votre mobilité est réduite, vous pourrez la restaurer à l'aide du programme détaillé dans la partie 3 (voir page 121).

L'ingrédient T

Ce dernier ingrédient du mode de vie anti-sclérose en plaques, c'est le tabac. On sait tous que le tabac est nocif pour la santé, mais on sait moins que les individus qui fument la cigarette ont un risque de sclérose en plaques augmenté de 150 % ! Ce qui en fait de très loin le facteur de risque le plus terrible dans cette maladie. À cela s'ajoute un effet sur le risque de poussées : fumer quotidiennement du tabac augmente le risque de poussées de 80 % environ[135]. Aucun traitement médical ou naturel ne peut contrer de tels effets toxiques sur le système nerveux. À noter que cette toxicité du tabac concerne aussi bien le tabagisme actif que le tabagisme passif.

Face à de tels résultats, je crois qu'il n'existe qu'une seule option raisonnable concernant la cigarette : un malade de sclérose en plaques doit arrêter de fumer ou d'être exposé aux fumées de cigarette, à n'importe quel prix ! Si vous fumez, vous pouvez donc déjà vous demander quelle sera la manière la plus efficace pour arrêter. Fumer des cigarettes sans nicotine est-il suffisant ? Fumer la cigarette électronique est-il envisageable ?

Aucune étude sur l'homme n'a répondu à ces questions, mais plusieurs études sur les modèles EAE nous donnent de solides éléments : tout d'abord, il semble que ce soit le tabac, et pas spécifiquement la nicotine, qui exerce un rôle néfaste dans la sclérose en plaques. Le tabac engendrerait un stress inflammatoire puissant qui ouvrirait la barrière hémato-encéphalique comme une boîte de conserve, y laissant pénétrer tout et n'importe quoi, et surtout les cellules inflammatoires du système immunitaire[136]. En revanche, la nicotine jouerait un rôle inverse, plutôt protecteur, c'est dire à quel point le tabac est toxique puisque la présence de nicotine ne suffit pas à en neutraliser les effets ! L'utilisation de la nicotine en supplémentation est même actuellement une voie de recherche potentielle pour diminuer la fréquence des poussées chez les malades. Ce que cela signifie est clair : pour arrêter de fumer, vous pouvez utiliser des patchs, gommes, cigarettes électroniques ou ce que vous voulez, sans que cela ne pose problème[137, 138, 139]. Pour vous aider, je recommande le livre d'Allen Carr, *La Méthode simple pour en finir avec la cigarette* ou *Je ne veux plus fumer grâce à la cohérence cardiaque* du Dr David O'Hare.

CIGARETTE ÉLECTRONIQUE : QUELS DANGERS ?

Depuis l'explosion des ventes de cigarettes électroniques, les journaux diffusent régulièrement des propos inquiétants sur leur consommation. Quand on ne lit pas qu'elle est inefficace pour arrêter de fumer, on entend qu'elle inciterait les jeunes à fumer, qu'elle pourrait être un tremplin pour les drogues dures (rien de moins !) et qu'on ne connaît pas ses effets à long terme, qui pourraient être terribles !

Mais que dit réellement la science sur le sujet ? En décembre 2014, des chercheurs anglais du groupement international de recherche Cochrane ont publié une analyse de l'ensemble des études scientifiques dans lesquelles on avait comparé l'efficacité de la cigarette électronique à d'autres méthodes pour arrêter de fumer (patchs à la nicotine, gommes, etc.). Sur plus de 600 études recensées et analysées, la conclusion des chercheurs est très claire : la cigarette électronique est efficace pour arrêter de fumer[140]. Une incertitude demeure toutefois sur le degré d'efficacité comparativement à d'autres méthodes comme le patch.

Mais qu'en est-il de la dangerosité ? La même étude ne trouve aucun effet dangereux sur le court terme (6 mois). Pour obtenir plus d'informations sur ce sujet, il convient de regarder du côté de la toxicologie. Et ce qu'on apprend est plutôt surprenant : l'ingrédient qui « inquiète » le plus le public est le propylène glycol, une substance utilisée abondamment depuis très longtemps dans de nombreux médicaments à inhaler pour le traitement de l'asthme (Foradil®, Formoair®, Atimos®, etc.) sans que cela ne pose alors le moindre questionnement. Pour les toxicologues, les choses sont claires : aucun effet secondaire nocif pour la santé n'est connu pour le propylène glycol inhalé et il n'en existe probablement aucun, et dans tous les cas, cet éventuel risque est totalement infime par rapport à la nocivité du tabac, que remplace la cigarette électronique[141, 142, 143] ! Les toxicologues soulignent aussi que, de toute façon, de nombreux fabricants de cigarettes électroniques sont en train de remplacer le propylène glycol par de l'eau distillée et de la glycérine, qui produisent également ces effets de fumée, mais dont l'innocuité est encore mieux connue.

En conclusion, si vous vous demandez alors pourquoi la cigarette électronique fait autant parler d'elle dans un sens ou dans l'autre, c'est tout simplement parce que les enjeux économiques autour du tabagisme sont énormes, aussi bien pour les cigarettiers classiques qui perdent des parts de marché que pour les cigarettiers électroniques qui ont besoin d'en gagner.

S'ARRÊTER DE FUMER EN PRATIQUE

- C'est le tabac qui présente un danger dans la sclérose en plaques, pas la nicotine.
- Adoptez la méthode de substitution qui vous convient le mieux : patch, cigarette électronique, gomme...
- Pour vous aider, testez les méthodes détaillées dans les livres : *Je ne veux plus fumer grâce à la cohérence cardiaque*, du Dr David O'Hare. Thierry Souccar Éditions, 2013 ou *La méthode simple pour en finir avec la cigarette*, de A. Carr. Pocket, 2011.

À PROPOS DU CANNABIS...

Beaucoup de malades le savent : le cannabis est efficace contre les symptômes de la sclérose en plaques, et en particulier contre les douleurs qui touchent les nerfs, appelées « douleurs neuropathiques ». Ces vertus sont aujourd'hui confirmées par de très nombreuses études scientifiques : qu'elles soient fumées, inhalées ou avalées, les molécules actives du cannabis sont efficaces[144, 145, 146]. En France, un médicament à base de cannabis existe : le Sativex. Mais à l'heure où nous écrivons ces lignes, la commercialisation de ce dernier est bloquée par le Comité économique des produits de santé qui le juge trop coûteux. Un reproche qui a de quoi surprendre quand on connaît le prix des autres médicaments utilisés dans cette maladie : comptez plus de 1 700 euros par mois à la charge de la Sécurité sociale pour un seul mois de traitement de fingolimod (voir page 62).

Le cannabis contient deux molécules actives majeures : le THC, responsable des effets secondaires sur le psychisme, et le CBD, responsable des effets antidouleurs. Pour que les effets néfastes du THC ne soient pas significatifs, il faut que le rapport entre THC et CBD soit inférieur ou égal à 1, ce qui est le cas du Sativex. Certains pays comme les Pays-Bas permettent même de se procurer facilement des graines de cannabis faiblement dosé en THC que l'on peut faire pousser chez soi.

En plus de diminuer les symptômes, plusieurs études scientifiques, menées sur des souris et chez l'homme, suggèrent que la consommation chronique de cannabis permettrait aussi de diminuer la fréquence des poussées[147, 148]. Espérons que le ministère de la Santé se décide enfin à faire bouger les choses.

Émilie a eu recours au cannabis lors de ses précédentes poussées :

« Je n'avais trouvé aucun médicament qui soulage mes douleurs sans m'assommer, et encore rares étaient les médicaments capables de calmer mes douleurs... À l'époque, je ne connaissais pas les médicaments comme le Laroxyl, capables de soulager les douleurs neuropathiques, d'autant que ma sclérose en plaques n'avait pas encore été officiellement diagnostiquée. Et je crois que, toutes proportions gardées, j'étais prête à essayer tout un tas de choses pouvant m'aider à me sentir mieux. Beaucoup de personnes m'avaient déjà parlé du cannabis thérapeutique, notamment un ami souffrant du cancer. Lors de cette dernière poussée en particulier, les effets du cannabis furent véritablement bénéfiques : je n'avais plus mal aux jambes, les douleurs s'étaient atténuées et je pouvais enfin dormir la nuit. »

LA RECETTE DES 4 S ET 1 T

- **S**OMMEIL → dormez suffisamment, au moins 7 à 8 heures par nuit, évitez tout stress le soir, prenez un complément de mélatonine : 2 à 5 mg/jour.

- **S**TRESS → éliminez les sources de stress : adaptez votre mode de vie de façon à réduire l'emprise du stress sur votre équilibre émotionnel, pratiquez la relaxation, la cohérence cardiaque...

- **S**OLEIL → prenez un complément de vitamine D3 : 8 000 à 10 000 UI/jour, exposez-vous 20 minutes par jour d'avril à octobre.

- **S**PORT → si vous avez une mobilité suffisante, pratiquez 3 à 4 fois par semaine un sport de force comme la musculation (voir page 144) ou de l'escalade, des sports de combat, de l'aviron, du sprint, du saut en longueur, du rugby, etc.

- **T**ABAC → supprimez le tabac de votre vie à l'aide de substituts, ou par des techniques pour arrêter la cigarette comme la méthode d'Allen Carr ou la cohérence cardiaque.

2

L'alimentation qui protège le système nerveux

Quelques simples changements d'alimentation peuvent diminuer la fréquence des poussées et ralentir fortement la progression de la sclérose en plaques. Certains aliments vont être à éviter, c'est le cas notamment des aliments qui stimulent un système immunitaire déjà fortement sollicité dans la sclérose en plaques. D'autres en revanche vont agir en protecteurs du système nerveux.

>>> Un aliment qui a changé le monde... et la santé

Les premières traces de sa découverte remontent à 6000 ans avant Jésus-Christ. Beaucoup disent que c'est son utilisation qui marque les débuts de la civilisation telle qu'on la connaît. Il faut dire que c'est en bonne partie grâce à lui si la disponibilité des aliments n'est plus devenue saisonnière. On l'aura deviné : cet aliment c'est le sel.

Considéré comme indispensable à la santé de l'être humain, il fut pourtant quasiment absent de l'alimentation humaine pendant tout le Paléolithique, une période qui s'étend de – 9 millions d'années environ à – 10 000 ans. L'arrivée du sel dans nos placards est donc en fait un bouleversement particulièrement récent. Le sel ne contient qu'un seul nutriment essentiel, le sodium, un minéral. Mais le sodium se retrouve déjà dans la nature, en particulier dans tous les produits végétaux (fruits, légumes, noix et graines). Aujourd'hui, tout le monde (les autorités de santé françaises et européennes, l'OMS, etc.) s'accorde à dire que nous en consommons beaucoup trop et qu'il constitue un facteur de risque important des maladies cardiovasculaires.

Mais pour les malades de la sclérose en plaques, le danger est bien plus grand ! C'est une collaboration entre des chercheurs argentins et américains qui l'a mis en évidence en suivant une centaine de malades pendant 2 ans : ceux qui mangent le plus de sel (plus de 4,8 g par jour) ont un risque de poussées augmenté de 395 %[149] ! Rien que ça ! Pour ceux qui ne consomment du sel que « moyennement », (entre 2 et 4,8 g par jour) le risque est augmenté de 275 %, comparativement à ceux qui consomment peu de sel (moins de 2 g par jour).

L'effet toxique du sel dans la sclérose en plaques avait déjà été mis en évidence dans des études en laboratoire sur le modèle animal EAE : l'alimentation riche en sel chez les souris malades accélérait considérablement la fréquence et la dangerosité des poussées. Pour les chercheurs, le sel pousserait l'organisme à produire une variété de lymphocytes T (voir page 56) particulièrement agressive[150, 151] donc à surstimuler le système immunitaire.

En France, l'apport moyen en sel est de 8 à 9 g par jour[152], et il atteint jusqu'à 12 g dans l'ensemble de l'Europe[153]. En dehors de l'utilisation excessive de la salière, les sources majeures d'apport en sel sont les plats industriels préparés et les aliments préférés de la majorité de la population : le fromage, les charcuteries (jambon, saucisson) et le pain. Manger une simple baguette dans la journée apporte entre 2 et 3 g de sel, une dose déjà largement suffisante pour détériorer sa santé physique et neurologique.

RÉDUISEZ VOTRE CONSOMMATION DE SEL EN PRATIQUE

- Fuyez les plats préparés et les aliments en conserve.
- Utilisez des aliments bruts, non transformés.
- Évitez les aliments salés comme le fromage, les charcuteries et le pain.
- Diminuez progressivement les ajouts de sel.
- Prenez l'habitude de ne pas saler vos plats.
- Cuisinez à l'étouffée, la vapeur ou en papillotes pour préserver le goût des aliments, vous ressentirez moins le besoin d'ajouter du sel.
- Remplacez le sel par des épices : laurier, coriandre, menthe, persil, ciboulette, curcuma, romarin, gingembre, poivre...
- Augmentez vos portions de végétaux (fruits, légumes) naturellement riches en potassium (pour contrer les effets du sel).

Mais quelle dose de sel faut-il utiliser pour son alimentation ? C'est simple : 0 gramme ! En effet, le simple fait de manger occasionnellement une conserve de poisson, de dîner chez des amis, ou de manger dans un restaurant est suffisant pour atteindre les 2 g par jour. L'idéal consiste donc à n'utiliser aucun sel dans sa cuisine et à fuir à tout prix les plats préparés, qui sont de toute façon non recommandables à bien des égards, comme nous allons le voir plus loin (voir page 100). Cette transition peut sembler difficile, mais il n'en est rien : pour y parvenir, le plus judicieux est de diminuer progressivement l'ajout de sel au fil des jours et des semaines, de manière subtile. Ainsi, les papilles gustatives s'habituent à manger avec peu ou pas de sel et on ne ressent plus le goût d'en rajouter constamment. À cause de ce phénomène, les plats qui semblaient auparavant normalement salés apparaîtront ensuite beaucoup trop salés.

>>> Du pain...

Si le sel est si nocif pour le système immunitaire, c'est probablement parce que l'être humain n'est en fait pas totalement adapté à sa consommation, surtout à des apports élevés, ce qui contraste avec les millions d'années d'évolution sans apports en sel. Mais le sel n'est pas le seul aliment à être apparu très récemment dans l'histoire de l'homme, c'est aussi le cas des céréales comme le blé.

La culture des céréales fait référence aux débuts de l'agriculture, un événement qu'on estime avoir eu lieu il y a environ 10 000 ans. Pendant les 9 millions d'années précédents, l'Homme était un chasseur-cueilleur, c'est-à-dire qu'il vivait de la chasse et de la cueillette. D'après les chercheurs spécialistes, comme le Pr Staffan Lindeberg de l'université de Lund en Suède, l'alimentation de l'homme du Paléolithique était constituée de fruits sucrés et de baies, de pousses, de bourgeons, de fleurs et jeunes feuilles, de viandes, de moelle osseuse, d'organes animaux, de poissons et crustacés, d'insectes, de larves, d'œufs, de racines, de bulbes, d'oléagineux et de graines (sauf céréales)[156].

Dans la population générale, la consommation d'alcool en petite quantité est associée à une diminution du risque de maladie cardiaque. À plus forte dose, l'alcool augmente le risque de cancers. Dans la sclérose en plaques, le lien semble du même ordre : une analyse récente de chercheurs chinois sur l'ensemble de la littérature scientifique a conclu que l'alcool à faible dose pourrait avoir un très léger effet protecteur sur l'apparition de la sclérose en plaques. À forte dose, l'alcool précipite son apparition[154]. Une petite étude dévoilée lors du dernier congrès de l'Académie américaine de neurologie a mis en évidence la possibilité d'un léger effet protecteur sur le risque de poussées avec une consommation modérée d'alcool. En tout état de cause, boire de l'alcool n'est pas une nécessité et ceux qui le font devraient éviter de le faire au dîner. En buvant un petit verre de vin le soir, la production d'hormone de croissance pendant le sommeil diminue de 63 %. Cette diminution atteint 81 % avec deux verres[155]. Dans la sclérose en plaques, l'hormone de croissance a une importance particulière, car celle-ci module le temps de sommeil passé en phase paradoxale (voir page 75). Faire chuter régulièrement son taux d'hormone de croissance pendant la nuit est donc un moyen indirect d'augmenter la perméabilité de la barrière hémato-encéphalique, avec les conséquences que l'on connaît.

Lorsque l'Homme a commencé à cultiver le blé, il utilisait l'engrain sauvage, un blé qui comptait 12 chromosomes. Aujourd'hui, les blés modernes, qui sont tous des hybrides fabriqués en laboratoire, comptent jusqu'à 42 chromosomes ! Ces mutations génétiques sont à l'origine d'importantes modifications dans les protéines du blé, en particulier dans les protéines de gluten, ce qui a provoqué depuis une trentaine d'années une explosion de certaines maladies inflammatoires comme l'arthrose ou la polyarthrite rhumatoïde et l'apparition d'une nouvelle maladie, la sensibilité au gluten. Ces problématiques sont le thème d'une enquête que j'ai publiée en 2013 sous le nom de *Gluten, comment le blé moderne nous intoxique*, et qui révèle comment ces manipulations génétiques ont été faites.

Le gluten est connu pour avoir des effets néfastes sur la perméabilité intestinale, mais actuellement il n'existe pas d'étude prouvant un tel effet sur la barrière hémato-encéphalique. Toutefois, plusieurs études ont montré qu'une autre protéine du blé, du nom d'agglutinine, avait un rôle dans la perméabilité hémato-encéphalique[157, 158]. De plus, l'ingestion de cette protéine pourrait empêcher la récupération au cours de la phase de rémission[159].

L'éviction des céréales contenant du gluten me semble donc indispensable, ceci d'autant plus que ces aliments sont aussi presque toujours très riches en sel. Les céréales incriminées sont :

- Le blé (biscuits, pâtes, pain, etc.) ou froment
- L'épeautre (biscuits, pâtes, pain, etc.) et le petit épeautre
- Le kamut (biscuits, pâtes, pain, etc.)
- L'avoine (flocons, biscuits, etc.)
- Le seigle (pain)
- L'orge (flocons, biscuits, etc.)

« *Dans son ouvrage,* L'Alimentation ou la troisième médecine, *le Dr Jean Seignalet conseillait l'adoption d'une alimentation sans produits laitiers ni gluten pour stopper l'évolution de la sclérose en plaques. Il est fort probable qu'une bonne partie des bénéfices observés par le docteur provienne de la baisse des apports en sel qui est naturellement très présent dans les produits céréaliers, qui sont aussi sources de gluten. Sur les conseils de Julien, j'ai supprimé totalement le gluten, non sans mal ! Pendant les mois qui suivirent, il m'est arrivé de manger des produits à base de gluten (pain, biscuits), car changer mes habitudes de vie ne pouvait se faire que dans le temps. Ces "écarts" furent sans conséquence, sauf lorsqu'ils étaient rapprochés. Dans ces moments-là, les symptômes neuropathiques (sensations de brûlures, de picotements, de fourmillements dans les jambes, etc.) s'intensifiaient. Un peu comme une sorte de mini-poussée. Il ne faisait dès lors aucun doute qu'il fallait que je me préserve un maximum et que le retrait du gluten y participait fortement. Aujourd'hui, je continue l'alimentation sans gluten. J'y ai pris goût, ai découvert une autre façon de voir la cuisine, et par-dessus tout, cette routine me donne une paix inespérée. Bien entendu, en incorrigible épicurienne, il m'arrive encore de céder à la tentation d'un bon pain de campagne chez mes parents, de crêpes (et encore on peut les choisir au sarrasin) au restaurant avec des amis, etc. Cela reste très rare et sans conséquence... tant que cela reste rare !* », explique Émilie.

L'expérience d'Émilie montre le rôle multifactoriel des éléments dans la sclérose en plaques. En revanche, il est à mon sens indispensable d'être très strict dans l'éviction du gluten, en particulier tant que les éléments mis en place n'ont pas permis de récupérer des fonctions neurologiques perdues. Par la suite, l'essai de la réintroduction du gluten peut être fait : il est probable que la majorité supporte de petites quantités de gluten sans conséquence. Mais il est aussi probable qu'une petite partie n'en supporte pas du tout le moindre morceau.

- Le mieux est d'adopter une alimentation riche en légumes et légumes racines et de supprimer les céréales de votre alimentation.
- Voici cependant quelques féculents qui constituent des alternatives intéressantes aux céréales à gluten :
  - les riz : thaï, basmati, sauvage, semi-complet...
  - le millet
  - l'amarante
  - le quinoa
  - le sarrasin
  - les haricots rouges ou blancs
  - les lentilles
  - les pois chiches

>>> Du bon lait pour une sclérose en plaques solide

Parce que la sclérose en plaques est une maladie invalidante, il n'est pas rare que les médecins s'inquiètent de la santé osseuse des malades peu actifs. Il s'agit d'une inquiétude justifiée, mais le conseil de consommer plus de produits laitiers pour renforcer les os ne l'est pas.

La plus récente étude sur le sujet, publiée en septembre 2015 dans la prestigieuse revue médicale *British Medical Journal*, a analysé l'ensemble des données scientifiques sur les relations entre la consommation de produits laitiers et les fractures. Avec des données sur plus de 60 000 personnes réunies, les conclusions sont sans équivoque : la consommation de calcium n'a aucun lien avec le risque de fracture. Il n'y a aucune preuve qu'en avalant plus de produits laitiers vous aurez un risque plus faible de fracture[160]. Même résultat pour les compléments alimentaires de calcium, qui sont en revanche associés à une augmentation du risque de calculs rénaux et d'infarctus !

L'étude la plus intéressante sur les produits laitiers et la sclérose en plaques date de 1992. Dirigée par des chercheurs du CHU de Grenoble, celle-ci avait pour but d'observer la consommation de produits laitiers dans 27 pays à travers le monde afin de savoir s'il s'agissait d'un facteur protecteur ou aggravant du risque de sclérose en plaques. Les chercheurs concluent leur étude en indiquant que « la consommation de lait est liée au risque de sclérose en plaques, de manière hautement significative » ! Une association similaire est retrouvée pour la consommation de crème et de beurre.

Chez les personnes déjà touchées par la maladie, deux études publiées par des chercheurs allemands suggèrent qu'une prudence absolue est de mise avec la consommation de produits laitiers, mais aussi de graisses de lait. Les chercheurs ont en effet mis en évidence qu'une protéine du lait, souvent liée aux graisses, la butyrophiline, stimule les réactions croisées avec les oligodendrocytes, des cellules qui protègent les neurones et qui fabriquent et entretiennent les gaines de myéline[161, 162]. En 2013, une équipe de chercheurs américains est allée encore plus loin en testant cette hypothèse sur 400 malades. Ils ont ainsi découvert que, chez plus de 50 % des personnes, la consommation de protéines de lait entraînait des réactions immunitaires anormales au niveau du système nerveux, avec destruction accélérée des cellules protégeant et régénérant la myéline[163]. Autre découverte de taille : la gliadine, une protéine du blé, provoque les mêmes problèmes chez un pourcentage identique de malades.

MANGER SANS GLUTEN ET SANS LAIT EN PRATIQUE

* Évitez d'acheter des plats tout prêts et des aliments transformés.
* Faites le marché, achetez frais et de saison.
* Cuisinez vous-même vos repas.
* Testez et savourez les recettes rapides et faciles à réaliser proposées page 181.
* Et pour plus de recettes, vous pouvez vous référer aux livres suivants :
  – *L'Assiette paléo*, de C. Bonnefont et J. Venesson. Thierry Souccar Éditions, 2015.
  – *Simple comme paléo*, de S. Eberena. Thierry Souccar Éditions, 2015.
  – *60 grands classiques de la cuisine sans gluten sans lait*, de C. Calvet. Thierry Souccar Éditions, 2014.

Voilà donc qui confirme l'expérience faite par Émilie, et voilà pourquoi il est indispensable de supprimer totalement les produits laitiers (y compris les graisses seules comme le beurre) et les céréales contenant du gluten, au moins dans un premier temps. Une fois que l'état de santé s'est amélioré de manière substantielle, l'essai d'une réintroduction peut être fait, avec prudence et parcimonie. L'apparition d'une nouvelle poussée ne suit généralement pas la consommation d'un aliment, une latence de plusieurs jours est souvent observée, témoignage probable du temps nécessaire à « l'emballement » de l'immunité : « *Comme beaucoup de personnes, j'ai beaucoup de mal à résister à un bon morceau de fromage. Je dois même avouer que je vouais un véritable culte au fromage avant de réaliser qu'il n'était pas mon allié. Il m'a fallu tirer un trait dessus. Pendant une longue période, surtout lorsque je n'étais pas encore remise, je n'en ai plus du tout consommé. Par la suite, je me suis autorisé quelques incartades très sporadiques. Mais cette année par exemple, j'ai été moins sérieuse, m'autorisant même quelques glaces sous la canicule. Fort heureusement, cela n'a pas eu d'effet sur moi, ni sur les symptômes ni sur les poussées. Mais là encore, je sais que deux écarts par mois doivent rester le maximum. Je fais probablement partie des personnes qui supportent relativement bien les protéines de lait à doses réduites, mais je n'en consomme jamais chez moi.* »

>>> **Cette boisson qui renforce le cerveau**

Le café est-il bon pour la santé ? Voilà une question qui déchaîne les passions, tout au moins sur certains sites internet : tantôt on l'accuse de favoriser la déminéralisation des os, d'être toxique pour le foie ou pour le système hormonal, tantôt on lui attribue, à l'inverse, des vertus anti-cancer et neuroprotectrices (face à la maladie de Parkinson ou d'Alzheimer). Ce qui est certain, c'est que le café est bon pour la sclérose en plaques.

C'est au congrès annuel 2015 de l'Académie américaine de neurologie que le Dr Ellen Mowry (de l'Université Johns Hopkins, Baltimore) a annoncé la nouvelle : après avoir suivi plus de 6 000 personnes en Suède et aux États-Unis, elle a montré que ceux qui boivent le plus de café ont un risque diminué de 150 % de développer la sclérose en plaques. Et chez les malades, des travaux précédents avaient montré que ceux qui boivent du café régulièrement voient la progression de la maladie ralentie : en moyenne, les buveurs de café atteignent le niveau de handicap de ceux qui n'en boivent pas 5 ans plus tard[164].

D'une manière générale, les vertus du café sont également attribuées au thé, mais il semble que ce ne soit pas le cas ici : les personnes qui buvaient beaucoup de thé avaient certes un peu moins de poussées, mais de manière difficilement perceptible. Selon un groupe de chercheurs en pharmacologie américain, il est très probable que cette distinction s'explique par le fait que les bénéfices du café pour la santé du système nerveux proviennent de la caféine, abondante dans le café, mais peu présente dans le thé[165]. Là encore, la caféine diminuerait l'activité de la fameuse protéine MMP-9 (voir page 71)[166].

VOTRE CAFÉ EN PRATIQUE

- ◆ Si vous aimez le café, ne vous en privez pas, au contraire.
- ◆ Évitez d'en boire après 17 heures pour préserver votre sommeil.
- ◆ Consommez 2 à 4 tasses par jour.
- ◆ Si vous aimez le café puissant, choisissez du robusta, 2 fois plus dosé en caféine que l'arabica.

Dans toutes ces études, le café était bénéfique pour la maladie, même à fortes doses : les personnes qui buvaient deux tasses par jour avaient moins de poussées que celles qui ne buvaient pas de café, celles qui en buvaient 4 en avaient moins que celles qui en buvaient 2 et celles qui en buvaient 6 en avaient moins que celles qui en buvaient 4 ! Boire du café ne doit donc pas être source d'inquiétude, au contraire. En revanche, mieux vaut éviter le café trop tard dans la journée, surtout si vous avez le sommeil léger : un bon sommeil récupérateur est beaucoup plus important pour le système nerveux que de boire du café !

>>> Maintenez vos niveaux de cholestérol !

C'est aujourd'hui de notoriété publique : la prétendue dangerosité du cholestérol pour la santé fait débat, y compris auprès des experts. En France, un médecin et un chercheur du CNRS font régulièrement entendre leur voix sur ce sujet : le Pr Philippe Even et le Dr Michel de Lorgeril. Tous deux auteurs de livres très documentés sur le sujet, ils affirment que l'utilisation de médicaments pour faire baisser le cholestérol est un non-sens, sans bénéfice tangible, mais avec beaucoup d'effets secondaires, dont certains sont particulièrement graves : cancer, diabète, etc.

Le cholestérol est une molécule graisseuse dont la fonction majeure dans notre organisme est un rôle de structure. Ainsi, fabriquer des muscles, des artères, de la peau, des nerfs ou des organes fait appel à du cholestérol. Le cholestérol peut être comparé à du ciment qu'on utilise en maçonnerie : si vous n'en avez pas, il est impossible de construire un mur de parpaings.

Aujourd'hui, les connaissances scientifiques sur le rôle du cholestérol dans les maladies cardiovasculaires peuvent être résumées ainsi : lorsque le mode de vie n'est pas adéquat (tabagisme, mauvaise alimentation, manque d'activité physique, pollution, etc.), nos artères peuvent s'abîmer. Pour réparer ces lésions artérielles, notre organisme va produire des protéines de collagène (qui constituent la paroi de nos artères) qu'il va coller avec du cholestérol et d'autres substances issues du sang (minéraux, etc.), à l'endroit endommagé. Pour reprendre notre analogie avec la maçonnerie : un des parpaings du mur a été endommagé par des infiltrations d'eau. La meilleure réparation consisterait à enlever tous les parpaings depuis le haut du mur, jusqu'à atteindre ceux endommagés par l'eau afin de les changer. Mais comme cela n'est pas possible, nous grattons la partie endommagée des parpaings et nous comblons les trous avec un mélange de ciment, de sable et d'eau. Un taux de cholestérol élevé dans le sang indique donc qu'il y a beaucoup de réparations à faire dans notre organisme.

Dans la sclérose en plaques, ce sont les fibres nerveuses du système nerveux central qui sont endommagées (et sans doute aussi les nerfs comme nous le verrons). S'agissant d'éléments de structure fondamentaux, comme nos artères, on peut supposer que la production de cholestérol augmente lors d'une poussée de sclérose en plaques. Ce cholestérol étant capté par les cellules nerveuses, on doit donc s'attendre à des taux sanguins de cholestérol diminués au décours d'une poussée, puis légèrement augmentés en dehors. Ce phénomène est déjà connu chez les sportifs (voir encadré ci-contre).

Peu d'études se sont penchées sur cette problématique précise, mais différents travaux semblent confirmer que c'est bien ce qui se passe. En particulier, plus la maladie est à un stade avancé, plus les niveaux de cholestérol chutent fortement après les poussées. En fait, tout se passe comme si la demande en cholestérol après les poussées était si forte qu'il devient impossible pour l'organisme d'en apporter suffisamment : la récupération après chaque poussée est donc peu à peu ralentie au fil du temps, jusqu'à donner naissance à la forme progressive de la maladie, dans laquelle les périodes de récupération disparaissent[168, 169].

QUAND LE CHOLESTÉROL DOPE LES SPORTIFS

Le rôle du cholestérol en tant que constructeur et réparateur des tissus a été examiné dans le domaine sportif. Supposant un rôle identique à celui joué dans la sclérose en plaques, des chercheurs ont voulu savoir comment évoluaient les mouvements de cholestérol dans l'organisme à la suite d'activités intenses et traumatisantes pour les tissus. C'est le cas de la musculation, où les étirements engendrés par les charges au niveau des fibres musculaires induisent des microdéchirures qui doivent ensuite être réparées au cours des périodes de repos.

En effectuant des prélèvements sanguins sur des athlètes de force, des chercheurs ont ainsi montré que les taux de cholestérol chutaient dans les minutes qui suivent un entraînement sportif, avant de remonter très progressivement à des valeurs normales dans les jours qui suivent. Supposant que cette baisse de cholestérol était la conséquence d'une forte demande au niveau des muscles, ils ont ensuite testé l'effet d'une supplémentation en cholestérol sur les sportifs, en leur faisant manger 2 à 3 œufs entiers juste après la séance de sport, au lieu d'un simple apport de protéines. Résultat : le groupe de sportifs qui avait pris du cholestérol alimentaire a récupéré plus vite des séances de sport et en quelques semaines sa force et sa masse musculaire ont augmenté plus fortement comparativement à ceux qui n'avaient pas pris de cholestérol supplémentaire[167].

Néanmoins, ces explications ne représentent pas encore la position scientifique dominante. Il y a un peu moins de 10 ans, le discours était même plutôt à l'opposé : si les taux de cholestérol sont élevés chez les malades de sclérose en plaques, ne faudrait-il pas les traiter avec un médicament hypocholestérolémiant (statines) ? L'expérience a été tentée à plusieurs reprises. Une des études les plus parlantes sur le sujet a été publiée en 2008 par des chercheurs américains. Dans ces travaux, une trentaine de malades ont été répartis de manière aléatoire dans 3 groupes : l'un recevait le traitement classique de la sclérose en plaques (interféron) accompagné d'une gélule placebo, l'autre recevait le traitement classique accompagné d'une dose modérée d'un médicament anticholestérol et le dernier recevait le traitement classique accompagné d'une dose plus forte du même médicament anticholestérol. Résultat : au bout de 6 mois seulement, ceux qui avaient reçu le médicament anticholestérol avaient vu leurs lésions cérébrales s'aggraver (visibles à l'IRM). Parmi eux, ceux qui avaient reçu la plus forte dose du médicament étaient ceux qui avaient connu la plus grosse détérioration de leur état de santé[170] ! Imaginez que vous deviez réparer un mur de parpaings sans disposer de suffisamment de ciment !

MAINTENIR SON CHOLESTÉROL EN PRATIQUE

- ◆ 1 œuf par jour en moyenne est le minimum pour couvrir les besoins en cholestérol.
- ◆ Variez les modes de cuisson pour éviter les composés formés lors des fritures : à la coque, dur, brouillé, en omelette.
- ◆ Choisissez-les de plein air, label Bleu Blanc Cœur (riches en oméga-3) et de préférence bio.

Cette stratégie s'est donc avérée catastrophique et par conséquent, tout malade de sclérose en plaques devrait discuter de l'arrêt d'un traitement anticholestérol avec son médecin[171]. À l'inverse, il est recommandé de faire comme les sportifs, et d'augmenter sa consommation d'œufs entiers (issus de l'agriculture biologique), en particulier au moment d'une poussée, afin de soutenir la demande en cholestérol de l'organisme.

3

Les nutriments indispensables

P arce que la sclérose en plaques est une maladie qui touche le système immunitaire dans son intégralité, elle impose un grand stress à l'organisme. Ce stress est à l'origine d'une inflammation qui puise dans nos réserves de certains micronutriments. Si ces déficits ne sont pas traités, c'est la récupération des poussées et l'efficacité de la méthode de rééducation qui sont compromises.

>>> Renforcer son bouclier naturel

Chaque fois que le système nerveux subit une poussée, il est attaqué par des cellules du système immunitaire. Tout se passe un peu comme si un camion bourré d'explosifs enfonçait un barrage routier : la rencontre crée une explosion qui ravage tous les éléments alentour. Ces débris sont des molécules réactives qu'on appelle les espèces oxygénées réactives (ou radicaux libres).

Pour les êtres vivants, les espèces oxygénées réactives sont des molécules indispensables, mais qui, en agissant bénéfiquement sur certains aspects de la vie, agissent aussi négativement sur d'autres aspects. Par exemple, l'oxygène est nécessaire à la respiration des végétaux, par exemple un pommier. Mais si vous cueillez une pomme, que vous l'ouvrez en deux et que vous l'exposez directement à l'oxygène, celle-ci se couvre d'une couleur brune : c'est l'oxygène qui a oxydé la chair de la pomme ; elle l'a fait vieillir prématurément. Pour limiter le phénomène, on peut recouvrir la chair de la pomme d'une couche d'un antioxydant réactif à l'oxygène, par exemple la vitamine C. À chaque fois que nous respirons, nous utilisons l'oxygène pour produire de l'énergie au sein de nos centrales énergétiques (les mitochondries) et cela produit de petites quantités de radicaux libres. On sait aujourd'hui que ces radicaux libres ne sont pas la cause unique du vieillissement, mais ils y participent.

En cas de poussée, la production d'espèces oxygénées réactives atteint des sommets. Il s'agit d'un stress très largement supérieur à ce que nous pouvons normalement recevoir au cours d'une journée normale. Pour y répondre, notre organisme produit un antioxydant très puissant, le glutathion. Pour être produite, cette molécule a besoin de la présence de nombreux éléments, tous issus de l'alimentation : **l'acide glutamique, la cystéine et la glycine (trois acides aminés, qu'on retrouve dans les protéines), du zinc, du sélénium, du magnésium, de la vitamine C, des vitamines B**. Comme le stress oxydant est très important, la production de glutathion devient très forte, à tel point que ces éléments constitutifs viennent à manquer. Des déficits chroniques en micronutriments s'installent donc et, avec le temps, ils vont amener à une incapacité à produire suffisamment de glutathion. Avec le manque de cholestérol, ces déficits vont aussi faciliter le passage de la forme rémittente-récurrente de la maladie à la forme progressive.

Les déficits les plus documentés chez les malades sont ceux en zinc[172, 173] et en sélénium[174] mais l'idéal serait d'apporter un minimum des substances nécessaires chaque jour. Le moyen le plus facile et le plus économique d'y parvenir est d'avoir recours à une supplémentation à l'aide d'un **complexe multivitamines**. Mais attention, pas n'importe lequel ! La plupart des produits vendus dans le commerce sont en effet formulés par des laboratoires dont la préoccupation principale est le chiffre d'affaires, et non la santé. **Un bon complément multivitamines efficace et non toxique ne devrait ainsi pas contenir de fer, de cuivre (d'autant que l'action de celui-ci s'oppose à celle du zinc) ou de manganèse et les formes utilisées des éléments doivent être naturelles ou dotées d'une bonne biodisponibilité.**

LES MULTIVITAMINES EN PRATIQUE

Dans cette catégorie, je ne recommande que trois produits, classés ici par ordre de prix croissant :

- ◆ NuVitamin (www.nutriting.com) : 2 gélules le matin et 2 gélules le soir (gélules pouvant être ouvertes dans de l'eau pour ceux qui ne peuvent pas les avaler).
- ◆ NuPower (www.nutriting.com) : 2 comprimés le matin et 2 comprimés le soir.
- ◆ Nutri Balance (www.cellinnov.com) : 2 gélules le matin et 2 gélules le soir (gélules pouvant être ouvertes dans de l'eau pour ceux qui ne peuvent pas les avaler).

Concrètement, le rôle des antioxydants dans la sclérose en plaques n'est pas à prendre à la légère, car leur mécanisme d'action est multiple[175]. D'une part, certaines substances (comme le zinc) sont utilisées par la barrière hémato-encéphalique pour diminuer sa perméabilité, on peut donc s'attendre à une diminution du risque de poussées ; d'autre part l'organisme ayant plus de nutriments pour lutter contre l'inflammation, on peut s'attendre à des poussées moins violentes et moins dévastatrices, avec de meilleures périodes de récupération ; et enfin, en comblant les déficits induits par l'oxydation, on observe des améliorations dans les symptômes annexes de la maladie, comme la fatigue et la dépression. Ainsi, dans une petite étude russe, les chercheurs sont parvenus à diviser la fréquence des poussées par plus de 2, simplement avec l'utilisation d'un mélange d'antioxydants[176]. En juin 2015, des chercheurs iraniens ont testé l'effet d'une simple supplémentation en zinc sur une quarantaine de malades. Au bout de 3 mois, ils n'ont pas constaté d'amélioration des symptômes neurologiques, mais une nette diminution des symptômes dépressifs chez tous les participants.

On trouve aussi des substances antioxydantes intéressantes pour lutter contre la sclérose en plaques dans certains aliments. C'est particulièrement le cas des pommes, des oignons et des agrumes (citron, orange, etc.) qui contiennent des quantités significatives de quercétine, un polyphénol dont la capacité à diminuer la perméabilité de la barrière hémato-encéphalique a été mise en évidence dans plusieurs études. Ces bénéfices existent bien entendu par eux-mêmes, mais ils se manifestent aussi en conjonction avec les traitements médicamenteux classiques, auquel cas ils renforcent leur action[177, 178].

>>> Les deux graisses indispensables à un système nerveux sain

Il est communément admis que le cerveau est un organe riche en graisses. Cette caractéristique n'est pas le propre de l'homme, c'est un point commun à tous les mammifères. On y retrouve tous types de graisses et en particulier celles qui appartiennent à la famille des acides gras essentiels : les oméga-6 et les oméga-3. Essentiels, car ils sont indispensables à la vie (plus précisément à la croissance) et qu'ils ne peuvent pas être produits dans notre organisme, ils doivent obligatoirement être apportés par notre alimentation.

Les oméga-6 et les oméga-3 ont été le sujet de prédilection de nombreux travaux scientifiques. On a ainsi découvert à la fin des années 1970 qu'une fois ingérées, ces graisses donnaient naissance à des molécules très particulières, les eicosanoïdes. Les eicosanoïdes sont en fait des hormones à la durée d'action très courte, mais aux effets extrêmement puissants. Ainsi, ce sont les eicosanoïdes qui provoquent la sensation de douleur. Ce sont eux qui provoquent la fièvre, eux aussi qui déclenchent la coagulation du sang et eux encore qui rendent le sang plus fluide. Car leurs effets sont multiples et souvent opposés : par exemple, alors que les eicosanoïdes dérivés des acides gras oméga-6 peuvent agir en faveur de l'inflammation, ceux dérivés des acides gras oméga-3 peuvent agir à l'encontre de l'inflammation. À elles deux, ces familles d'acides gras régulent ainsi tout l'équilibre de l'organisme, un savant mélange entre construction et destruction.

Mais que se passe-t-il si notre alimentation n'apporte pas les acides gras nécessaires dans les proportions idéales ? L'alimentation moderne est en effet très riche en acides gras oméga-6 : on en retrouve en abondance dans les viandes d'élevages, les céréales et des huiles végétales telles que l'huile de tournesol et l'huile de de pépins de raisin, trois aliments de base. À l'inverse, les acides gras oméga-3 sont rares : on en trouve un peu dans certaines huiles végétales (colza, noix, lin), mais surtout dans les poissons gras. La production d'eicosanoïdes est donc perturbée et l'organisme plonge dans une inflammation chronique liée à l'excès d'oméga-6 et au manque d'oméga-3. Ce déséquilibre est capital dans la sclérose en plaques, car c'est au niveau du cerveau que les acides gras jouent le rôle le plus important. Alors qu'on ne retrouve que 3 à 5 % d'oméga-3 dans le sang, on en trouve jusqu'à 35 % dans certaines zones du cerveau[179] !

La connaissance des effets précis des oméga-3 sur le cerveau nous vient des travaux de recherches effectuées sur des animaux ou d'observations faites sur les nourrissons. Ainsi, on sait aujourd'hui que les oméga-3 sont indispensables au processus de myélinisation, à la naissance des neurones et, d'une manière générale, à la croissance normale de toutes les cellules gliales[180]. Les cellules gliales correspondent aux cellules du cerveau qui ont pour fonction de nourrir, protéger, et assurer la survie des neurones. Parmi celles-ci, les oligodendrocytes sont d'une importance toute particulière, car ce sont eux qui produisent la fameuse myéline, la gaine qui entoure les fibres nerveuses et qui rend plus rapide la conduction nerveuse, et qui est attaquée dans la sclérose en plaques (voir schéma ci-contre).

Les effets des oméga-3 sur la maladie ont été testés dans de très nombreuses études. Des études d'observation tout d'abord, qui ont mis en évidence que les personnes qui mangeaient le plus de poissons avaient le moins de poussées, le moins de handicaps et une meilleure qualité de vie[181, 182]. Par la suite, les chercheurs ont testé la supplémentation en oméga-3 pour en observer l'impact sur la progression de la maladie. Alors que certaines études n'ont pas trouvé de bénéfices particuliers de cette intervention, d'autres ont constaté un bénéfice très puissant : dans une étude chypriote, le groupe de 20 personnes qui avaient pris les oméga-3 n'a connu que 8 poussées au bout de 2 ans contre 25 dans le groupe de personnes qui n'avaient pas pris les acides gras[183, 184]. Il faut aussi ajouter à ces travaux des résultats très documentés et tous concordants sur l'effet des oméga-3 au niveau de la barrière hémato-encéphalique : en cas de manque d'oméga-3, la production de MMP-9 augmente, l'inflammation s'accélère, les réactions immunitaires sont anormalement amplifiées[185, 186, 187].

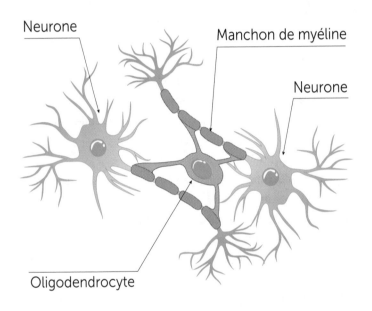

Les oligodendrocytes produisent la myéline qui entoure les fibres nerveuses

En raison de leur rôle central dans la croissance du système nerveux, les oméga-3 sont indispensables pour mener à bien le programme de rééducation. Si le cholestérol est le ciment indispensable au cerveau, les oméga-3 sont alors le sable qui, mélangé au ciment, donne le mortier, la structure de base de nos briques cérébrales.

Pour garantir cet apport en oméga-3, il n'est pas nécessaire d'avoir recours à des compléments alimentaires, il suffit de mieux équilibrer ses apports en graisses, donc diminuer ses apports en oméga-6 au profit des oméga-3. Voici quelques règles simples pour y parvenir :

* Mettre à la poubelle (ou les offrir à quelqu'un pour ne pas les gâcher) les huiles végétales suivantes : tournesol, soja, maïs, pépins de raisins, carthame, sésame, arachide, germe de blé, courge.
* Utiliser pour la cuisson les huiles végétales suivantes : coco, olive (vierge, première pression à froid).
* Utiliser pour l'assaisonnement les huiles végétales suivantes : noix, colza, olive, lin, cameline.
* Supprimer toutes les margarines végétales.
* Limiter la consommation de viandes grasses si elles ne sont pas issues de l'agriculture biologique (ces dernières sont naturellement plus riches en acides gras oméga-3[188]).
* Éviter de consommer des œufs de poules premier prix. Préférer les œufs de poules label rouge, issus de l'agriculture biologique ou certifiés Bleu Blanc Cœur.
* Consommer des poissons gras très régulièrement, soit 2 à 4 fois par semaine. Privilégier les petits poissons, beaucoup moins riches en polluants : maquereaux, sardines, anchois. On peut les consommer frais ou surgelés, car la surgélation ne détruit pas les oméga-3. Les conserves sont également possibles, sous réserve de lire avec attention les étiquettes : il ne doit pas y avoir d'huile végétale riche en oméga-6 ou d'additifs alimentaires douteux (amidons, protéines de lait, sucre, etc.). À noter également que les conserves sont pourvoyeuses de sel, leur consommation

doit donc amener à limiter d'autant plus le sel par ailleurs (voir page 91). Les poissons plus gros comme le saumon ou le thon peuvent être consommés une fois par semaine.

>>> L'indispensable nutriment antifatigue

Un des symptômes les plus désagréables de la maladie est la fatigue. On n'en connaît pas avec précision tous les mécanismes, mais on sait qu'elle est la conséquence de l'inflammation d'une part et des lésions du système nerveux d'autre part : plus la maladie progresse, plus la fatigue est importante.

En agissant sur la maladie via l'alimentation, le mode de vie et la rééducation, la fatigue diminue pour finir par disparaître, mais encore faut-il avoir l'énergie pour mettre tous ces changements en place ! Parmi toutes les solutions possibles, l'utilisation de coenzyme Q10 en complément alimentaire semble être le moyen le plus efficace.

Le (ou « la ») coenzyme Q10 est un antioxydant naturellement produit dans notre organisme. Sa fonction la plus connue est liée à la production d'énergie au sein des mitochondries, les centrales énergétiques de notre organisme. Le coenzyme Q10 a ainsi été utilisé avec succès pour traiter des maladies mitochondriales génétiques rares[189]. Dans la sclérose en plaques, il a été démontré qu'on n'observait pas de déficit en coenzyme Q10 au fur et à mesure de la progression de la maladie[190]. Pourtant, la supplémentation en coenzyme Q10 a un effet significativement supérieur à celui d'un placebo sur la sensation de fatigue, mais aussi sur l'humeur, qui devient moins négative[191].

SE SUPPLÉMENTER EN COENZYME Q10 EN PRATIQUE

◆ Prenez de 200 à 400 mg de coenzyme Q10 par jour à répartir en 2 prises.

Par exemple : 200 mg le matin 200 mg le midi.

◆ Si cela n'est pas suffisant vous pouvez augmenter jusqu'à 1 200 mg en deux prises en évitant le soir.

◆ Prenez votre complément de coenzyme Q10 en même temps qu'un repas riche en graisses, cela favorisera son absorption (car il est soluble dans les graisses).

◆ Ne vous supplémentez pas si vous êtes enceinte ou si vous allaitez.

La dose idéale de coenzyme Q10 pour les malades n'est pas connue. Émilie a commencé en utilisant une gélule de 200 mg le matin. Les effets étaient satisfaisants, mais pas suffisamment durables dans le temps, elle est donc passée à une dose de 200 mg le matin puis 200 mg le midi. Elle estime que cela eu un impact positif sur tout un ensemble de symptômes : « *Le mot qui revient le plus souvent lorsque l'on me demande les conséquences quotidiennes de la sclérose en plaques, c'est le mot "fatigue". Les poussées vont et viennent, la fatigue reste. Avec elle, sa cohorte de désagréments comme le manque de concentration ou une mémoire très aléatoire. Le manque de concentration était quelque chose que je vivais très mal. S'il fallait écrire, cela me prenait un temps fou. C'était très frustrant. Tout me fatiguait très rapidement. Grâce au coenzyme Q10, même s'il fallut adapter les doses pour obtenir de bons résultats, je me suis sentie plus vive, plus productive et moins fatiguée. Évidemment, cela ne fonctionne qu'à condition d'être régulier et les effets cessent lorsque l'on arrête la prise quotidienne.* » On évite généralement le coenzyme Q10 le soir pour éliminer tout risque d'insomnie. Si ce dosage n'est pas suffisant, il peut être franchement augmenté : des études ont testé l'effet de doses aussi fortes que 1200 mg par jour pendant 16 mois[192] et 600 mg par jour pendant 30 mois[193]. Pour les chercheurs américains en toxicologie, 1200 mg par jour est une dose sûre sur le long terme, mais elle ne doit pas être dépassée, par précaution[194]. Les femmes enceintes ou allaitantes doivent aussi l'éviter, par manque de données toxicologiques dans ce groupe de population. Chez les personnes sensibles, le coenzyme Q10 peut générer de petits troubles digestifs (nausées, inconfort digestif), qui disparaissent en répartissant mieux les doses au cours de la journée.

L'INCROYABLE VITAMINE QUI POURRAIT GUÉRIR LES MALADES

C'est une recherche majeure qui vient d'être publiée en mars 2015 dans la revue scientifique *Multiple Sclerosis and Related Disorders*. Des chercheurs français y relatent en effet la découverte d'une simple vitamine qui, prise à hautes doses, serait capable d'induire la récupération de fonctions neurologiques perdues chez les malades, même touchés par la forme progressive de la maladie.

Il s'agit d'un travail conjoint entre plusieurs équipes : le pôle neurologie de l'hôpital de la Pitié-Salpêtrière, l'unité neuro-métabolique de l'université Paris 6, l'hôpital Pasteur de Nice, le CHU de Reims, la fondation ophtalmologique Adolphe de Rothschild et le laboratoire de psychopathologie et de neuropsychologie de l'université Paris 8. Les chercheurs sont partis du constat qu'il n'existe actuellement aucun médicament significativement efficace contre les formes progressives de la maladie, contrairement aux formes rémittentes, mais que quelques études préliminaires ont montré des bénéfices d'une supplémentation à haute dose de vitamine B8 (biotine) dans d'autres déficits neurologiques, mais d'origines différentes (c'est-à-dire non secondaires à une sclérose en plaques).

Comme la biotine est utilisée dans notre organisme pour fabriquer les graisses qui entourent nos tissus, ils se sont demandé si cette vitamine ne pourrait pas être bénéfique pour favoriser la remyélination chez les malades les plus touchés, c'est-à-dire ceux victimes de la forme progressive de la sclérose en plaques.

Ils ont donc recruté 23 malades volontaires, qui étaient soit touchés par une forme primaire progressive soit une forme secondaire progressive, et ils leur ont administré de fortes doses de vitamine B8 (environ 300 mg, alors que le besoin quotidien n'est que de 0,005 mg par jour). Résultat : la biotine a permis une amélioration des fonctions neurologiques sur 21 malades. Les bénéfices ont été plus moins longs à apparaître selon la gravité du handicap : les handicaps les plus légers se sont améliorés à partir de deux mois de traitement et les handicaps les plus lourds se sont améliorés à partir de 8 mois de traitement. Toutes les fonctions neurologiques semblent bénéficier du traitement : la vision, la marche, l'état psychologique, la fatigue, l'équilibre, etc. En revanche, la biotine n'a eu aucun effet sur la fréquence des poussées. Aux doses utilisées, la biotine a provoqué occasionnellement des troubles du transit, mais aucun autre effet secondaire[195].

Il s'agit de résultats très intéressants, qui montrent bien qu'un espoir est possible dans cette maladie, quel que soit son avancement. Toutefois, la biotine n'est pas accessible à fortes doses dans le commerce. Les compléments alimentaires les plus dosés ne contiennent que 5 mg par gélule, il faudrait donc en avaler chaque jour une soixantaine. Sachant que 60 comprimés de 5 mg sont vendus environ 25 euros, cela représente donc un coût de 25 euros par jour ou 750 euros par mois, le tout pendant au moins un an !

PARTIE 3

Récupérer ce que la maladie nous a volé

1

Peut-on récupérer des fonctions neurologiques perdues ?

J usqu'à aujourd'hui, la sclérose en plaques a toujours été perçue comme une maladie irréversible. À vrai dire, il n'est même pas encore communément admis que l'alimentation, le mode de vie ou les médicaments peuvent ralentir la fréquence des poussées au point de les annuler à l'échelle d'une vie. Il faut dire que le discours des neurologues est, en général, assez peu optimiste au sujet de cette pathologie et n'inclut que de façon rarissime des conseils sur le mode de vie.

Nous avons pourtant vu, dans les chapitres précédents et dans l'histoire personnelle d'Émilie que cela était possible, et j'oserais même dire « facile ». La question dorénavant est de savoir s'il est possible de récupérer des fonctions neurologiques perdues au cours de l'évolution de la maladie. Et si oui, cette possibilité est-elle accessible à tous ou ne concerne-t-elle que quelques cas exceptionnels, doués d'une génétique extraordinaire ? Mais d'abord, regardons de plus près ce qui se passe entre les poussées.

>>> Pourquoi on récupère entre les poussées

Le premier constat que j'ai pu faire avec Émilie est simple : la sclérose en plaques débute toujours par une forme récurrente rémittente, dans laquelle les poussées sont toujours suivies par des périodes de récupération, au départ quasi totales puis rapidement partielles. Comment donc ces récupérations sont-elles possibles ? Ne nous a-t-on pas pourtant appris que c'est la gaine de myéline qui entoure les fibres nerveuses qui est détruite ? Que les neurones eux-mêmes peuvent être attaqués ? Que nous sommes donc dans une situation sans retour, quasiment comparable à celle que peut vivre un tétraplégique après un accident de voiture ? Manifestement, le fait qu'il soit possible de récupérer naturellement après une poussée indique que ce raisonnement n'est pas juste.

La raison pour laquelle les poussées sont souvent suivies d'une rémission dans la sclérose en plaques est aujourd'hui connue : il a été mis en évidence que les phases de rémission sont des périodes de « remyélinisation », dans lesquelles de la gaine de myéline se reforme ! Le fait que ce processus ait lieu naturellement, sans aucune aide extérieure, montre les capacités extraordinaires de récupération du système nerveux.

Au cours des années 2000, différents travaux ont montré que lorsque la gaine de myéline était détruite, les oligodendrocytes (voir illustration page 115) pouvaient la reconstruire. En revanche, lorsque ce sont les axones qui sont touchés (les éléments de structure des fibres nerveuses), les oligodendrocytes n'ont plus de pouvoir et les lésions sont permanentes[196, 197]... Jusqu'à ce que 5 ans plus tard, de nouveaux travaux montrent qu'en réalité les axones se régénèrent aussi parfois, bien qu'on ne sache pas encore comment[198]. Enfin, depuis environ 5 ans, on sait que les fibres nerveuses endommagées sont douées d'une plasticité. Pour comprendre cette notion, il faut imaginer le système nerveux comme une carte routière : la plupart des routes partent de Paris et chaque route véhicule une information : une information pour parler, une pour lever la jambe, une autre pour respirer, etc. Lorsqu'une route est détruite à la suite d'un accident, notre cerveau a la possibilité d'en construire une autre à partir de routes déjà existantes : les informations font un détour, mais parviennent effectivement à bonne destination[199,200]. Il s'agit d'une notion fondamentale, car elle suggère qu'on peut récupérer des fonctions motrices[201], sensorielles[202], visuelles[203], cognitives (mémoire[204], concentration[205, 206]) même à un stade avancé[207].

La capacité de récupérer des fonctions neurologiques perdues n'est donc pas un hasard, elle est la simple conséquence de nos facultés innées. Néanmoins, il n'en reste pas moins que ces facultés ne semblent pas actives constamment puisqu'il existe des phases de rémission et que ces phases sont de plus en plus courtes avec le temps. C'est parce que ce qui déclenche la récupération est la poussée elle-même ! Le stress produit par la poussée est en effet si intense qu'il pousse nos cellules à se défendre et à déclencher une remyélinisation. **Tout le travail de récupération va donc consister à mettre en place une ou des méthodes qui stimulent le système nerveux en dehors des poussées**. Cette stimulation doit être forte ; si forte qu'elle poussera l'organisme à réagir en recréant de la myéline ou de nouvelles connexions neuronales.

>>> Rencontre avec le Dr Wahls

Avant d'imaginer un protocole de récupération pour Émilie, j'ai cherché à savoir s'il existait effectivement des malades ayant récupéré des fonctions neurologiques perdues, même à un stade très avancé. C'est le cas du Dr Terry Wahls, professeure de médecine interne à l'université de l'Iowa aux États-Unis. Diagnostiquée d'une sclérose en plaques récurrente rémittente en 2000, son état s'est rapidement dégradé, puisqu'en 2003, la maladie était passée à la forme progressive. Début 2007, la progression de la maladie était telle qu'elle ne pouvait plus marcher : elle ne quittait plus son fauteuil roulant. L'été de cette même année, elle décida de ne pas s'en remettre à ce que lui prédisaient les institutions médicales et d'agir par elle-même. Elle passa alors en revue la littérature scientifique pour arriver à la conclusion que l'alimentation moderne jouait un rôle important dans la maladie. Elle décida aussi de mettre au point un protocole de supplémentation par de multiples compléments alimentaires, dans l'espoir que ces derniers aident son système nerveux à récupérer. Elle raconte que ces simples changements ont stabilisé son état et fait disparaître quelques dysfonctions neurologiques.

Dans l'objectif de récupérer des fonctions neurologiques perdues, elle souhaita ensuite mettre au point un entraînement physique spécial. Malheureusement, ne pouvant se mouvoir seule, et ayant perdu beaucoup de capacités, elle ne fut pas en mesure de le faire immédiatement. Elle décida donc d'utiliser une technique particulière de stimulation électrique musculaire pour parvenir à ses fins. En moins d'un an, le Dr Wahls avait récupéré l'usage de ses jambes. Son histoire est racontée dans son livre en anglais *The Wahls Protocol (Avery Publishers)*. J'ai eu le plaisir d'en parler directement avec elle à l'occasion d'une interview qu'elle m'a accordée (voir page ci-contre).

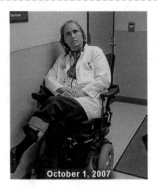
October 1, 2007

October 1, 2008

Votre histoire est très encourageante pour toutes les personnes handicapées par la sclérose en plaques. Comment expliquez-vous le fait qu'il soit possible de récupérer des fonctions neurologiques perdues alors que les maladies auto-immunes sont considérées incurables en raison de la mémoire du système immunitaire ?

Avant toute chose, je pense qu'il est important de préciser que je ne suis pas « guérie » au sens médical du terme. Je souffre toujours de sclérose en plaques. J'observe en revanche une grande amélioration de mes symptômes. Quand j'ai commencé mon protocole de soins, j'ai rapidement ressenti de nettes améliorations de mon état de fatigue, de mes douleurs, de mon « brouillard mental » et même de ma capacité à marcher et à m'asseoir. En fournissant à mes cellules les « briques » nutritionnelles nécessaires à leur bon fonctionnement, j'ai réduit mes niveaux d'inflammation et considérablement amélioré mes symptômes.

Combien de temps cela a-t-il pris pour que vous ressentiez les premières améliorations après avoir démarré le régime paléo ? Combien de temps devrait-on essayer avant d'abandonner ?

En 2002, j'ai commencé le régime paléo, abandonnant les céréales, les légumineuses et les produits laitiers après 20 ans de végétarisme et mes symptômes ont continué à empirer jusqu'à devoir utiliser un fauteuil roulant un an après.

Une fois en fauteuil roulant, en 2003, j'ai commencé à lire des études sur les modèles animaux de la maladie de Parkinson, de la démence, de la maladie de Huntington et de la sclérose en plaques. C'est à ce moment-là que j'ai commencé à expérimenter sur moi différentes vitamines et compléments alimentaires, ce qui a permis de ralentir le déclin de mes forces. En 2007, cinq ans après avoir débuté le régime paléo, j'ai découvert l'Institut de médecine fonctionnelle et j'ai suivi leurs enseignements sur le fonctionnement du cerveau.

J'ai alors adapté mon régime paléo pour fournir à mon cerveau les nutriments bien spécifiques dont il avait besoin. C'est à partir de là que mes symptômes se sont franchement améliorés et que j'ai peu à peu retrouvé ma force perdue.

Je conseille aux gens d'essayer mon protocole et de suivre mon programme alimentaire à 100 % pendant au moins 3 mois.

Vous avez aidé d'autres personnes atteintes de sclérose en plaques lors de différentes études cliniques. Avez-vous déjà rencontré quelqu'un dont les symptômes ne se sont pas améliorés malgré l'association d'un régime paléo à des stimulations électriques et/ou à des exercices de résistance ? Si oui, comment l'expliquez-vous ?

Tous les patients répondent différemment au traitement. C'est vrai en médecine traditionnelle, et ça l'est aussi en médecine fonctionnelle. Et en médecine fonctionnelle, un protocole est bien sûr beaucoup plus difficile à suivre que la simple prise d'une pilule une ou deux fois par jour. Mais j'ai constaté que les personnes capables de s'imposer une discipline de fer et qui ont pu suivre le protocole à la lettre ont vu des améliorations significatives de leur état de santé. Quoi qu'il en soit, je le répète, les résultats ne sont pas garantis. Mais si vos symptômes n'ont pas évolué ou ont même empiré avec les traitements traditionnels, sachez que nous avons démontré que mon protocole présente des risques minimes, et qu'il est tellement puissant qu'il peut vous permettre d'avoir une meilleure humeur, davantage d'énergie, tout en améliorant votre qualité de vie.

Maintenant que vous n'avez plus de handicap, pouvez-vous manger du blé, des produits laitiers, ou aller dans

un fast-food de temps en temps sans que vos symptômes réapparaissent ?

Non, et cela fait écho à ma première réponse. J'ai toujours la sclérose en plaques et les allergies alimentaires qui contribuent aux symptômes. Si je mange du blé ou un produit laitier, une réaction allergique apparaît rapidement : je ressens comme des décharges électriques au visage, si douloureuses que je ne peux plus parler ou marcher tant que ces secousses persistent.

Pouvez-vous citer les trois compléments alimentaires les plus importants pour les personnes souffrant de sclérose en plaques ?

Quand on prend des compléments alimentaires, il est nécessaire de consulter son médecin traitant pour déterminer les doses adéquates. La courbe d'efficacité est en U pour tous les aliments, et même pour l'eau : pas assez ou trop d'un nutriment, même l'eau, peut être dangereux. C'est important d'avoir suffisamment de vitamine D, A et K car ces trois vitamines ont un rôle important dans la production de myéline dans le cerveau. Je conseille de veiller à avoir toujours un niveau adéquat de vitamine D en prenant des compléments et de manger du foie deux à trois fois par semaine pour atteindre des niveaux adéquats de vitamine D, A et K.

Il est également important de veiller à avoir un taux d'homocystéine correct en prenant des suppléments de vitamine B12 et de folates.Même si la méthode utilisée par le Dr Wahls fut efficace, elle ne peut pas être reproduite en Europe. Notamment car les appareils utilisés pour sa rééducation n'existent pas chez nous. Nous avons donc utilisé avec Émilie une autre méthode, qui a aussi la particularité d'être plus complète et qui est à mon sens, un peu plus performante.

Mais pour être efficace, toute technique de rééducation doit s'inscrire dans le cadre d'un programme d'alimentation et de mode de vie qui permette à la fois de calmer l'auto-immunité et l'inflammation, comme celui que nous avons exposé aux chapitres précédents, afin que le système nerveux puisse être capable de réagir positivement. La rééducation se fera via deux méthodes, que nous allons voir dans les deux prochains chapitres : **une méthode à utiliser lors d'un handicap profond et une méthode à utiliser lors d'un handicap léger.** Bien que cela puisse sembler paradoxal, la méthode dédiée au handicap léger est la plus efficace, mais il n'est pas toujours possible de la mettre en œuvre, en particulier quand le handicap est très important. Dans ce cas, on commence donc par la méthode dédiée au handicap profond puis on enchaîne sur la méthode dédiée au handicap léger dès que cela devient possible.

On entend par handicap léger un handicap dans lequel la capacité de se mouvoir est diminuée, mais reste possible de manière indépendante, au moins ponctuellement (capacité de marcher même sur 5 mètres seulement, sans canne). On entend donc par handicap profond l'incapacité totale de marcher ou d'effectuer des mouvements simples, mais aussi le fait d'être dans la forme progressive de la maladie. La présence des symptômes suivants témoigne d'un handicap plus léger : paresthésies, décharges électriques, mouvements anormaux, douleurs dans les nerfs, spasmes musculaires. Ces éléments indiquent que c'est principalement la gaine de myéline qui est touchée et non l'axone[208, 209].

En cas de handicap léger, on peut combiner les deux méthodes de rééducation : cela demande plus de temps, mais les résultats sont meilleurs. Émilie explique : *« Au départ, je n'avais pas vraiment le temps ni l'argent de suivre le programme de récupération léger qui nécessite la fréquentation d'une salle de sport un jour sur deux. Puis Julien, qui était ultra-investi dans la recherche de solutions qui pourraient m'aider, m'a offert l'appareil permettant la mise en place du programme de récupération profond. J'ai commencé ainsi, en effectuant des séances plusieurs fois par semaine. Au bout de quelques mois, je me suis mise au programme de récupération léger. Les résultats ont été extrêmement rapides à se manifester : en quelques semaines, j'avais récupéré énormément de fonctionnalités dans mes jambes. »*

DU TRIATHLON AVEC UNE SCLÉROSE EN PLAQUES !

Aurora Colello est une Américaine de 41 ans dont l'histoire a défrayé la chronique aux États-Unis en 2014. En 2008, on lui diagnostique une sclérose en plaques à la suite d'une névrite optique sévère (voir page 41) qui la laissera quasiment aveugle. Son médecin lui prescrit un médicament (l'interféron) et lui suggère de réfléchir à sa vie pour les prochaines années, au cas où elle se retrouverait en fauteuil roulant. Au lieu de cela, elle décide de profiter de son corps encore valide pour accomplir un de ses rêves : réussir à terminer un triathlon. L'entraînement étant rendu compliqué par sa cécité partielle, elle parle de sa maladie autour d'elle, jusqu'à ce que quelqu'un lui conseille de se rendre dans un « centre de santé holistique ».

Populaires aux États-Unis, ces centres sont des établissements dans lesquels on accompagne les malades d'une manière plus globale que ne le fait la médecine classique : alimentation, mode de vie, thérapies alternatives, etc. Après avoir obtenu un rendez-vous, le praticien qui la prend en charge lui donne différents conseils : suivi d'une alimentation sans gluten, prise de vitamines, mise en place de techniques de gestion du stress, priorité au sommeil. Ce dernier lui procure également un massage de la nuque en lui disant : « *les nerfs oculaires sont connectés à la nuque, le massage aidera donc votre vue à revenir.* » Forte d'un esprit cartésien, Aurora voit en lui « *un véritable fou* », mais décide malgré tout de suivre les conseils d'alimentation et de mode de vie, « pour voir ». Deux semaines plus tard, sa vision était totalement restaurée. Son entraînement pour le marathon était donc devenu possible et 6 mois plus tard, Aurora expliquait : « *Au lieu de me sentir plus faible et plus malade comme me l'avaient prédit les médecins, je me sentais plus forte et plus en forme ! C'était extraordinaire !* »

En 2009, son neurologue lui prescrit une IRM de contrôle et là, le résultat tombe : sur les 10 lésions qui étaient apparentes en 2008, il n'en reste plus aucune ! Aurora finit par se demander si elle n'a pas été tout simplement victime d'une erreur de diagnostic et elle décide de reprendre ses anciennes habitudes alimentaires. La sanction ne tarde pas à arriver avec une nouvelle poussée qui lui laisse une névralgie faciale, une atteinte très douloureuse d'un nerf de la face. Finalement, elle a repris ses anciennes habitudes et n'a plus eu de poussées depuis 10 ans. Rétrospectivement, Aurora pense que sa sclérose en plaques lui a apporté beaucoup plus qu'elle ne lui a enlevé : « *J'ai l'air plus en forme, je me sens plus en forme et mon esprit est plus en forme qu'il y a 10 ans. Se sentir plus énergique, plus forte et se réveiller sans se sentir épuisée est un merveilleux cadeau.* »[210]

2

Récupérer
d'un handicap léger

Pendant une poussée de sclérose en plaques, tout se passe comme si la dégradation soudaine des communications nerveuses stimulait le système nerveux central qui fournit un effort colossal pour essayer de maintenir ce qui est en train d'être perdu. Par exemple, si la poussée se traduit par une perte de la motricité des jambes, le fait de ne pas parvenir à marcher normalement stimulerait fortement le système nerveux qui enverrait un signal : *« Allez, marche ! Je sais que tu peux le faire ! Tu le faisais il y a encore 12 heures à peine ! »*. Un peu à la manière des rescapés d'accidents graves de voiture qui suivent des séances de rééducation pour réapprendre à marcher : le cerveau lutte ; il lutte si fortement qu'il finit par créer partiellement ou totalement les connexions neuronales nécessaires au mouvement. C'est ce processus qui provoque la rémission suivant une poussée aux débuts de la maladie. Avec le temps le système nerveux s'épuise et l'inflammation devient trop forte pour qu'une récupération ait lieu.

Bien sûr, ce n'est pas ce qui se passe réellement, mais il s'agit d'une représentation qui nous aide à comprendre ce qui se met en place. Dès lors, il nous faut trouver un moyen de déclencher à nouveau ce stimulus en dehors des poussées. Ce stimulus ne peut pas être de simples séances de rééducation chez un kinésithérapeute, ces méthodes sont utilisées depuis toujours avec des résultats trop modestes et sans récupération complète : cela indique un stimulus trop faible. Pour aller plus loin, nous devons ce qui se passe concrètement au niveau des muscles.

>>> Ce qui se passe concrètement dans les muscles

En neurologie, un des examens qui permet de savoir ce qui se passe au niveau de l'activité nerveuse des muscles est l'électromyogramme (EMG). Le principe de cet examen est simple : il consiste à appliquer des électrodes en superficie (EMG de surface) ou en profondeur (EMG invasif) des muscles et à mesurer le potentiel électrique lors de la contraction musculaire. En cas de séquelle neurologique liée à la sclérose en plaques, l'EMG est perturbé, il montre une incapacité à activer électriquement toutes les fibres musculaires.

Cela peut sembler incroyable compte tenu de toutes les données scientifiques existantes sur la sclérose en plaques, mais les effets de la maladie sur les muscles sont encore très mal compris. C'est pourtant là que se manifeste le principal problème ! Pendant longtemps, la plupart des chercheurs ont estimé que, s'agissant d'une maladie du système nerveux central, il n'y avait pas vraiment à s'occuper du système nerveux périphérique (c'est-à-dire les nerfs qui contrôlent les muscles). Plusieurs études et mon expérience personnelle avec Émilie indiquent qu'en réalité, c'est une erreur, car les deux systèmes sont connectés bien évidemment et le système nerveux périphérique est également attaqué en cas de sclérose en plaques. La conséquence mesurable de ces attaques est la perte

UNITÉS MOTRICES : LES LOCOMOTIVES DE VOS MUSCLES

Pour bouger, nos muscles doivent se contracter. Pour ce faire, un signal électrique envoyé par le système nerveux central doit leur parvenir. Ce sont les nerfs qui véhiculent ce signal via les neurones moteurs. Ces derniers sont connectés à un petit nombre de fibres musculaires. Cet ensemble est appelé « unité motrice ». Il existe un très grand nombre d'unités motrices pour chaque muscle et plus le muscle a besoin de se contracter fortement, plus le nombre d'unités motrices activées est important (on parle de « recrutement » d'unités motrices). Dans la sclérose en plaques, la destruction des nerfs entraîne l'incapacité à recruter toutes les unités motrices du muscle, ce qui entraîne des faiblesses et des incapacités[211, 212]. De plus, lorsque le cerveau envoie l'ordre de se contracter aux unités motrices via un signal électrique, ce dernier n'atteint pas totalement la cible (le muscle), c'est ce qui produit les sensations désagréables de fourmillements ou décharges électriques.

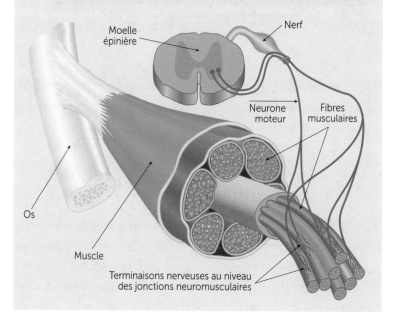

Moelle épinière

Nerf

Neurone moteur

Fibres musculaires

Os

Muscle

Terminaisons nerveuses au niveau des jonctions neuromusculaires

du fonctionnement des unités motrices des muscles (voir encadré page 137), ce qui contribue à expliquer les faiblesses musculaires et/ou l'incapacité à faire fonctionner un membre.

L'incapacité fonctionnelle des unités motrices musculaires dans la sclérose en plaques peut être mise en évidence par un électromyogramme invasif à balayage lors de contractions volontaires fortes. On observe alors le schéma électrique suivant :

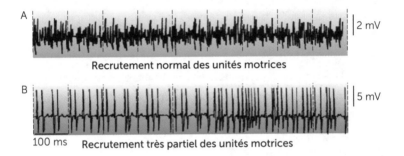

A ‖2 mV
Recrutement normal des unités motrices

B ‖5 mV
100 ms Recrutement très partiel des unités motrices

L'objectif lorsque les fonctions motrices sont touchées est de parvenir à recruter plus d'unités motrices. En l'état actuel des connaissances, il n'y a qu'un seul moyen efficace d'y parvenir chez un individu : le sport.

>>> Sport et sclérose en plaques : la désillusion

Puisque le sport est un des seuls moyens efficaces pour stimuler le système nerveux à recruter plus d'unités motrices, cette stratégie a été testée dans de nombreuses études (plusieurs dizaines). Au départ, ces travaux n'avaient pas pour objectif de voir un « changement dans le recrutement d'unités motrices », ils partaient du simple constat que les malades de sclérose en plaques font moins de sport que les autres (ce qui est logique quand on est plus ou moins handicapé !) et que, peut-être, la pratique de certains sports pourrait permettre de diminuer certains symptômes de la maladie comme la fatigue, les douleurs, les troubles de l'humeur (dépression) ou les problèmes de concentration.

Ces études d'intervention ont eu des conclusions simples : tout d'abord, le fait de faire du sport, même un petit peu, diminue le risque de poussées (de 25 % tout de même). Ensuite, les activités sportives comme la marche, la course, le yoga ou la natation, c'est-à-dire les activités douces ou d'endurance, sont modérément efficaces pour atténuer les symptômes suscités. La combinaison d'exercices de musculation avec ces mêmes exercices d'endurance semble un peu plus efficace, mais dans tous les cas, aucune de ces études n'a trouvé que la pratique d'un sport permettait de récupérer de fonctions neurologiques perdues. Tout au plus les fonctions restantes pouvaient s'améliorer[213,214,215]. Ce n'est certes pas si mal, mais ces résultats ne procurent qu'un enthousiasme limité. Nous allons expliquer pourquoi.

>>> Le secret des unités motrices et du système nerveux

En Australie, le Dr Junhua Xiao travaille depuis presque dix ans à la compréhension des mécanismes de la myéline dans la sclérose en plaques. Elle travaille activement avec l'Association australienne pour la recherche contre la sclérose en plaques à comprendre un aspect précis de la maladie : qu'est-ce qui provoque la remyélinisation après les poussées de sclérose en plaques ?

Depuis 2010, ses travaux ont mis en évidence qu'une protéine, agissant à la manière d'une hormone, joue le rôle principal dans le processus de remyélinisation, que ce soit au niveau périphérique (les nerfs activant les muscles par exemple) qu'au niveau central (les fibres nerveuses dans le cerveau). Cette protéine pousse les oligodendrocytes (voir page 115) à s'enrouler autour des axones pour fabriquer de la myéline[216-220]. Il s'agit de travaux d'une importance considérable qui ont été d'ailleurs couronnés par la remise d'un prix de 480 000 dollars par le gouvernement australien à son équipe, afin qu'elle puisse poursuivre ses travaux.

Actuellement, l'objectif du Dr Xiao semble être de développer un nouveau médicament qui imite l'activité de cette protéine afin de stimuler la remyélinisation chez les malades[221]. Il y a pourtant bien d'autres choses à faire avant d'en arriver là ! Car il se trouve que cette fameuse protéine est bien connue en médecine depuis de nombreuses années et qu'on sait parfaitement comment pousser l'organisme à en produire naturellement ! Cette protéine, c'est le facteur neurotrophique du cerveau (BDNF).

>>> Comment le BDNF régénère la myéline

Le facteur neurotrophique du cerveau est une protéine qui agit comme une hormone de croissance, mais directement sur les neurones. Son rôle est bien connu dans les fonctions de mémoire et d'apprentissage, car sans BDNF, les informations n'ont pas le temps d'être stockées dans notre cerveau. Il assure la croissance et la survie des neurones.

Sa découverte en 1982[222] fut une petite révolution, car on croyait jusqu'alors que les neurones étaient fabriqués pendant la croissance puis que leur nombre n'augmentait plus par la suite. Or le BDNF rend possible la naissance de nouveaux neurones à partir de cellules souches même à l'âge adulte ! Il a bien sûr également la propriété de pouvoir myéliniser les axones (voir page 124).

Jusqu'à aujourd'hui, la science a démontré qu'il existait des moyens simples de stimuler la production de BDNF. Le premier consiste en l'adoption d'une alimentation saine, comme celle décrite dans les chapitres précédents. Le deuxième consiste à faire de l'exercice physique[223] ! Mais dans ce cas, pourquoi les études ayant testé les effets du sport sur les malades n'ont pas noté de retour des fonctions neurologiques perdues ?

Tout simplement, car la plupart des études n'ont pas testé l'effet d'une activité physique qui stimule suffisamment la production de BDNF. Car le BDNF est produit de manière proportionnelle à l'intensité de l'exercice physique : plus l'exercice physique est difficile, plus la production de BDNF est grande[224, 225, 226] ! Ainsi, une séance de yoga, de natation à un rythme modéré, de marche ou de course à pied à allure lente n'a que très peu d'effet sur la production de BDNF.

Il n'y a donc que deux types d'activités physiques qui peuvent être efficaces pour déclencher une réelle remyélinisation : **les sports d'endurance, mais à intensité élevée (c'est-à-dire avec une recherche très active de performance, un peu comme l'a fait Aurora Colello, voir page 132) ou les sports de force à intensité musculaire élevée** (musculation avec recherche active de performance). La première catégorie de sport est souvent très difficile à mettre en place dans la sclérose en plaques : le handicap physique est évidemment problématique, mais également la résistance psychique, la fatigue et les dysfonctionnements du système nerveux autonome (augmentations anormales de la température corporelle lors des exercices physiques[227]). Difficile de mettre en place un programme de rééducation qui demande de courir à allure soutenue pendant 1 heure avec une sclérose en plaques ! En revanche pour la musculation, un entraînement est toujours possible, même avec un fort handicap, sous réserve de quelques aménagements.

>>> Quand le handicap disparaît

Seules deux études ont testé l'effet d'un entraînement physique de musculation sur les malades en surveillant l'intensité des exercices. Dans les deux études, les résultats se sont manifestés en à peine 8 semaines. Au départ, les participants avaient une incapacité modérée (par exemple des difficultés à marcher, des difficultés à uriner, des troubles des sensations ou des problèmes d'équilibre). Après l'entraînement, l'incapacité était devenue nulle ou minime (soit toutes les fonctions neurologiques avaient été récupérées, soit il restait quelques handicaps plus légers)[228, 229]. Les chercheurs indiquent : *« l'amélioration des capacités fonctionnelles se produit quand le volume total, représenté par l'intensité et la durée de l'entraînement, est suffisamment important »*. Cerise sur le gâteau, ils indiquent aussi que les bénéfices observés sont *« durables dans le long terme »*.

La musculation présente bien sûr ces effets extraordinaires, car elle stimule la production de BDNF

de manière forte, mais aussi et surtout, car c'est la seule activité capable d'envoyer une commande électrique assez forte pour demander à toutes les unités motrices de se contracter[230]. Comme une partie des unités motrices dysfonctionne, les impulsions électriques vont stimuler les cellules de Schwann (l'équivalent des oligodendrocytes au niveau du système nerveux périphérique, donc ici au niveau des unités motrices) qui vont déclencher la remyélinisation. Il ne nous reste donc plus qu'à voir comment mettre en place une méthode de musculation propice au système nerveux et compatible avec le handicap, comme nous l'avons fait avec Émilie.

COMMENT LES MUSCLES AGISSENT EN SECRET

On l'a bien compris, chercher à travailler ses muscles est directement bénéfique pour le système nerveux. Mais les muscles eux-mêmes permettent aussi indirectement de diminuer le risque de poussées. Explications.

En cas d'agressions par un virus, notre organisme produit des anticorps et des cellules immunitaires. Tous ces anticorps et ces cellules sont constitués de protéines. Dès lors, lorsque le virus de l'herpès 4 se réactive, notre organisme a besoin de produire de grandes quantités de cellules immunitaires, ce qu'il parvient à faire en puisant dans nos réserves de protéines. Notre principale réserve protéique est constituée des muscles. C'est pour cette raison que les personnes ayant une masse musculaire suffisante résistent beaucoup mieux aux infections que les autres et pour cette raison que la masse musculaire protège aussi des poussées de manière indirecte, en contrôlant mieux le virus de l'herpès donc les réactions d'auto-immunité[231].

>>> L'entraînement d'Émilie

Même si son handicap n'était pas invalidant au point de l'empêcher de se mouvoir (cela lui était possible avec une canne), Émilie n'a pas suivi d'emblée l'entraînement de rééducation présenté ici. Dans un premier temps (plusieurs semaines), elle a suivi le programme présenté page 173 (« récupérer d'un handicap profond »). Ce choix s'explique par le fait qu'elle n'a pas eu immédiatement accès aux machines nécessaires.

« La première fois, lorsque je suis arrivée dans cette salle de sport, je ne peux pas dire que je m'y suis sentie très à l'aise. Je n'avais connu que les sports collectifs — ceux avec des règles du jeu — ou en plein air (randonnée, alpinisme, équitation). Là, c'était radicalement différent, Julien m'ayant emmenée dans une salle de sport uniquement dédiée à la pratique de la musculation. On y voyait surtout de jeunes hommes narcissiques à souhait et gonflés à l'hélium, qui alternaient râles gutturaux sous une barre lestée d'énormes poids et pauses de contemplation devant la glace... Je ne me sentais pas tellement à ma place. Mais il fallait s'y coller, j'étais venue pour ça. Mon premier exercice fut la presse à cuisses à 45 degrés. Il s'agit d'un fauteuil dans lequel on s'assoit, incliné à 45 degrés par rapport au sol. Face à nous se trouve un plateau sur lequel il faut pousser avec les jambes et auquel on peut ajouter des poids. Il s'agit donc d'un mouvement qui reproduit le fait de se baisser puis de se relever, avec les deux jambes. Au départ, sans ajout de poids, le plateau pèse à lui seul 50 kg, mais c'est une rigolade pour n'importe qui : peu de sportifs effectuent cet exercice avec une charge inférieure à 100 kg ! Pour ma part, je ne suis pas parvenue à effectuer une seule répétition. Ma jambe gauche se dérobait sous moi lorsque je lui ordonnais de se contracter. C'était horrible. Je me sentais réellement handicapée, nulle. Et pour la

première fois, j'étais confrontée à l'ampleur du handicap de manière totale, sans pouvoir m'y soustraire. Une vague de colère envers moi-même et de honte m'envahit. J'ai éclaté en sanglots. Quand on a passé un certain âge ou encore qu'on s'est cassé une jambe, c'est déjà difficile à accepter. Mais quand on est jeune, active et que soudainement, des forces invisibles vous empêchent de commander un membre, cela paraît surréaliste. J'y suis tout de même retournée deux jours plus tard, j'ai effectué 3 répétitions. Aujourd'hui, j'en fais plus de 10 avec 150 kg ! ».

J'ai mis au point l'entraînement d'Émilie grâce à mes connaissances personnelles dans le domaine de la préparation physique ainsi que grâce aux nombreuses contributions de mes amis Michael Gundill et Rudy Coïa, les deux meilleurs experts français en science et pratique du développement musculaire.

En musculation, on peut schématiser les entraînements en deux catégories : une catégorie qu'on qualifiera « d'hypertrophie musculaire », dans laquelle on recherche à développer au maximum le volume musculaire. Il y a ici un intérêt visuel, mais aussi un intérêt physique, car la force d'un muscle est directement proportionnelle à son volume. Autrement dit, de petits muscles peuvent être puissants, mais de gros muscles ne peuvent pas être faibles (chez un être humain normal n'ayant pas eu recours à l'utilisation de produits chimiques comme des produits dopants). La deuxième catégorie est l'entraînement « de force ». Ici on ne cherche pas à développer la taille des muscles, mais simplement leur force, c'est-à-dire leur efficacité. Dans le domaine de la compétition (haltérophilie par exemple) il y a donc souvent deux étapes : on cherche à développer de la masse musculaire (du volume) puis on cherche à améliorer la production de force de ce nouveau volume.

L'entraînement de force a la particularité de travailler le recrutement des unités motrices des muscles de manière plus forte que l'entraînement d'hypertrophie. C'est donc de ce type d'entraînement qu'on essaye de se rapprocher. Dans sa mise en œuvre, l'entraînement de force diffère surtout par l'utilisation de charges d'entraînement plus lourdes, donc une intensité plus élevée, associée à des périodes de récupération entre les exercices plus longues. Le but n'est donc pas de se fatiguer en s'épuisant et en soufflant comme on pourrait le faire lors d'un exercice de course à pied ; c'est même exactement le contraire ! Toutefois, l'utilisation exclusive de charges très lourdes n'est pas recommandée, car ces dernières peuvent occasionner plus facilement des blessures. De plus, il existe une certaine synergie entre les deux formes d'entraînement (hypertrophie et force), c'est pourquoi l'entraînement d'Émilie fut en quelque sorte un mélange de ces deux approches.

>>> Fréquence et durée des entraînements : un savant dosage

Pour être efficace, un entraînement de rééducation doit être suivi de manière très régulière, au moins jusqu'à ce qu'apparaissent les premières améliorations. Le fait d'arrêter l'entraînement pendant une semaine ou deux en pleine période de rééducation est en général fortement défavorable.

Il n'y a pas de fréquence idéale pour les entraînements, mais s'ils sont trop espacés ils seront inefficaces. Et s'ils sont trop rapprochés, ils seront rapidement contre-productifs du fait de temps de repos entre les entraînements insuffisants. L'idéal est d'effectuer 3 à 4 entraînements par semaine, un jour sur deux. À chaque jour d'entraînement succède donc un jour de repos, qui permet au système nerveux de se régénérer et de s'adapter avant d'être à nouveau sollicité.

Concernant la durée des entraînements, ceux-ci ne doivent pas être trop longs. En effet, les exercices de haute intensité ne sont certes pas perçus de manière épuisante comme peut l'être un marathon, mais ils sollicitent de manière bien plus forte les muscles et le système nerveux. S'il est physiquement possible de prolonger l'entraînement sans diminuer la difficulté des exercices, c'est un indicateur fort que l'intensité mise en œuvre (donc les charges) est trop faible (entraînement pas assez efficace). D'un autre côté, si la sollicitation musculaire est prolongée trop longtemps via une diminution de l'intensité des exercices, s'ensuivra un surentraînement qui rendra trop difficile la récupération au fil des jours, ce qui bloquera la progression ; sans compter qu'il s'agit d'une importante perte de temps ! En moyenne, compter entre 30 minutes à 45 minutes pour un entraînement, en sachant que les premières séances risquent plutôt de durer moins de 30 minutes, selon l'importance de votre handicap.

>>> Répartition des entraînements

En musculation, on peut découper nos activités musculaires sur trois grands axes : les activités musculaires du bas du corps (tout ce qui englobe les mouvements de cuisses, fessiers et mollets), les activités musculaires du torse (tous les mouvements qui nécessitent une poussée) et les activités musculaires du dos (tous les mouvements qui nécessitent une forme de tirage).

Parce que les muscles du bas du corps sont les plus gros et les plus forts, c'est aussi leur activation qui stimule le plus d'unités motrices et donc le système nerveux. Parmi tous les exercices que l'on peut mettre en œuvre, ceux du bas du corps sont donc les plus puissants pour récupérer et, grâce au BDNF produit au cours de l'exercice, l'entraînement de ce groupe musculaire a un effet global : « *Quand j'ai commencé l'entraînement, je ne travaillais presque que les jambes, car c'était là que mon handicap était le plus fort. Malgré cela, quelques semaines ont suffi pour que je récupère des fonctionnalités au niveau de muscles que je n'avais jamais travaillés spécifiquement : ma vessie par exemple, que j'avais du mal à contrôler, s'est remise à fonctionner normalement progressivement ; ma poigne s'est améliorée. Dans mes mains également, les mouvements sont devenus plus naturels et mon équilibre s'est fortement amélioré. En revanche, j'avais perdu des fonctions de plus grande technicité (mouvements rapides des doigts au piano) qui ne sont pas revenues totalement uniquement par l'entraînement général ; il a fallu ensuite travailler de manière plus spécifique les fonctions neurologiques pointues.* »

Si l'on s'entraîne trois fois par semaine, l'idéal est donc de dédier une séance à la pratique d'exercices du bas du corps, une séance à la pratique d'exercices du torse et une séance à la pratique d'exercices du dos. Cette configuration permet donc une récupération d'une semaine entre chaque groupe musculaire travaillé, ce qui est idéal. Dans le cas où l'on opte pour un quatrième jour dans la semaine, on le dédiera à un travail spécifique sur une zone de grande technicité (par exemple une main ou un pied).

Premier mois : l'apprentissage

Lorsqu'on est touché par la sclérose en plaques et que celle-ci nous a laissé un ou plusieurs handicaps, on se retrouve généralement dans une condition physique assez éloignée de celle d'un sportif de haut niveau ! De fait, il n'est pas judicieux de démarrer un entraînement de rééducation de manière brusque par une intensité élevée. Le premier mois a donc pour objectif d'habituer les muscles aux mouvements, de les préparer à ce qui va suivre et d'apprendre les mouvements correctement pour éviter les blessures (voir photos pages 160 à 167). Si le handicap est trop important pour suivre ce programme d'entraînement, cela signifie qu'il faut suivre celui dédié aux handicaps profonds (voir page 173).

Pour les trois groupes musculaires principaux que l'on doit travailler, il existe des exercices de base. Ces exercices de base s'effectuent sur des machines à résistance progressive, c'est-à-dire sur lesquelles on peut faire varier la valeur de la charge déplacée, ce qui permet de commencer les exercices, même en étant très faible, et de les poursuivre à mesure que l'on gagne en force, en augmentant la résistance (les poids). **Pour être efficace, le programme doit être effectué dans une salle de sport qui dispose de certaines machines de base, que vous pouvez voir pages 156 à 159. Avant de vous inscrire dans une salle de sport, vérifiez que celle-ci contient bien au moins l'une des machines indiquées pour chaque groupe musculaire. Si ce n'est pas le cas, l'efficacité de la rééducation sera fortement compromise, pour ne pas dire nulle.**

Pendant le premier mois, l'entraînement est donc plus doux pour les muscles qu'il ne l'est par la suite. Malgré cela, il occasionnera fréquemment des réveils de douleurs neuropathiques, des fourmillements, des courbatures, etc. Pour chaque séance, il convient de choisir un à deux exercices (au moins un exercice de base et un exercice complémentaire optionnel), soit une à deux machines pour chaque séance (voir pages 156 à 159 pour le choix des machines). La séance démarre en effectuant trois séries longues et légères (chaque série correspondant à 20 à 30 répétitions avec peu ou pas de charge) sur chaque machine, avec une à deux minutes de repos entre les séries. Il s'agit ici de chauffer les articulations et de réveiller le système sanguin. S'il n'est pas possible d'effectuer autant de répétitions même avec un poids faible, considérez que vous n'avez pas besoin d'échauffement et passez à l'entraînement lui-même. Une fois que les trois séries ont été faites, il faut ressentir un peu de chaleur dans les membres travaillés. Si ce n'est pas le cas, on peut recommencer en effectuant à nouveau une série sur chaque machine, en augmentant un peu le poids si c'était vraiment trop facile la première fois.

Il s'agit ici d'un échauffement basique, qui peut être amélioré et peaufiné avec le temps en utilisant des techniques de massage, ou en effectuant de petits étirements, comme le font les sportifs. Toutefois, le déficit moteur étant souvent important dans la sclérose en plaques, cet aspect ne mérite pas ici autant d'attention, car l'échauffement est souvent, pour beaucoup de malades, un entraînement en lui-même !

Une fois l'échauffement terminé, on choisit l'exercice de base et on augmente la charge une première fois. Par exemple, si on a fait un échauffement sur une presse à cuisses à 45 degrés (voir page 156) sans charge (plateau de 50 kg) et qu'on choisit de commencer le travail sur cette machine, on ajoute 5 kg de chaque côté. Ensuite on effectue les répétitions de manière contrôlée (on ne cherche pas à aller particulièrement vite), jusqu'à atteindre 20 répétitions. Si on a pu atteindre 20 répétitions et qu'on pense qu'on aurait pu en faire 21, alors on augmente encore le poids de 5 kg de chaque côté, on se repose 3 minutes (prendre un chronomètre pour mesurer) puis on réessaye de faire 20 répétitions, et ainsi de suite. On s'arrête de charger la machine lorsqu'on sent qu'on arrive à faire 20 répétitions, mais pas 21. Dans le cas où les répétitions se font vraiment facilement, on peut augmenter plus nettement le poids : par exemple, 10 kg de chaque côté. Une fois le juste poids permettant de faire 20 répétitions trouvé, on se repose encore 3 minutes puis on recommence une série de 20 répétitions au même poids. On va ainsi essayer de faire 3 à 5 séries de 20 répétitions avec 3 minutes de repos à un poids pouvant être soulevé 20 fois au moins à chaque fois. Le nombre de séries dépend de l'état physique : une personne ayant un fort handicap essayera de faire 3 séries difficilement alors que quelqu'un ayant un handicap plus faible ou ayant déjà récupéré partiellement pourra faire 4 voire 5 séries. Une fois les 4 séries effectuées, on change d'exercice (de machine) et on répète le processus sur l'autre machine.

Si vous ne parvenez pas à effectuer les 3 séries de 20 répétitions, ne vous en voulez pas ! Recommencez simplement la semaine suivante avec un poids identique. D'une manière générale, le premier mois doit être consacré à l'apprentissage des mouvements et à se concentrer sur le ressenti musculaire lors de ces mouvements : les exercices doivent être difficiles, mais ne doivent pas occasionner de douleurs anormales dans les articulations ou les tendons : seuls les muscles doivent être sollicités.

GÉRER LES ANOMALIES DE TEMPÉRATURE CORPORELLE

Dans la sclérose en plaques, le système nerveux autonome (c'est-à-dire celui qui contrôle les comportements non volontaires) dysfonctionne de manière croissante au cours du temps. Un des problèmes les plus fréquents est l'anomalie de la régulation de la température corporelle. En particulier, une activité physique même peu intense peut conduire à des températures corporelles excessives, au point de déclencher des malaises.

Le programme de rééducation présenté dans ce chapitre offre la possibilité de gérer ce problème de deux manières :

- À chaque entraînement, il est indispensable d'avoir sur soi une bouteille d'eau fraîche. 500 millilitres à 1 litre seront suffisants, selon la température extérieure. On boira l'eau par toutes petites gorgées, entre chaque série, dès le début de l'échauffement.

- Si une chaleur corporelle excessive se manifeste, on s'octroiera des temps de repos entre les séries plus longs : de 3 minutes ils peuvent passer à 5, à 7, même à 10 minutes ! Un temps de repos plus long n'est pas problématique s'il n'excède pas 10 minutes. En revanche, des temps de repos inférieurs à 3 minutes viendront empiéter les performances et donc la progression.

Deuxième mois et plus : on accélère

Après un mois d'entraînement en séries de 20 répétitions, l'apprentissage des mouvements devrait être fait. Les muscles se seront aussi renforcés. On va donc pouvoir augmenter la sollicitation pour le système nerveux. Le principe va être exactement le même, sauf qu'au lieu de faire des séries de 20 répétitions, on va chercher à faire des séries de 15 répétitions. Cela implique donc nécessairement que les poids soulevés seront plus lourds. Par ailleurs, au bout de deux mois d'entraînement, vous devriez être beaucoup plus fort qu'au départ. La progression est même normalement visible d'une séance à l'autre. S'il n'y a pas eu de progression, c'est qu'une erreur est intervenue quelque part : utilisation de poids trop légers, mauvaise alimentation ne permettant pas une récupération correcte, etc. En parallèle, on va augmenter le nombre de séries : alors qu'on effectuait entre 3 à 5 séries, on cherchera dorénavant à faire entre 4 et 8 séries, selon les capacités personnelles de chacun.

À la moitié du deuxième mois, on peut commencer à faire évoluer l'échauffement. On commence toujours par faire des séries de 20 répétitions sur chaque machine, mais une fois que l'échauffement est normalement terminé (donc qu'on commence les séries de travail), on le poursuit en augmentant toujours le poids.

Voici dans l'encadré ci-dessous un exemple concret sur la presse à cuisses à 45 degrés :

EXEMPLE DE PROGRAMME DE RÉCUPÉRATION D'UN HANDICAP LÉGER

À adapter en fonction de votre handicap.

♦ **Premier mois :** progression de 4 séries de 20 répétitions avec 50 kg sans charge additionnelle (plateau vide) à 4 séries de 20 répétitions avec 70 kg (plateau de 50 kg + 1 poids de 10 kg de chaque côté).

- **Début du deuxième mois :** passage en séries de 15 répétitions et augmentation de deux séries, soit 6 séries de 15 avec 80 kg.
- **Milieu de deuxième mois :** Passage de l'échauffement standard au nouvel échauffement. On commence par l'échauffement standard sur cette machine : une série de 20 répétitions sans poids (plateau de 50 kg seul), puis 2 minutes de repos, puis 20 répétitions avec 5 kg de chaque côté, puis 2 minutes de repos, puis 20 répétitions avec 10 kg de chaque côté, puis 2 minutes de repos, puis 15 répétitions avec 15 kg de chaque côté. Au lieu de terminer l'échauffement ici et de commencer à faire 6 séries de 15 répétitions avec ce poids, on poursuit l'échauffement en augmentant le poids, le temps de repos et en diminuant le nombre de répétitions : 10 répétitions avec 20 kg de chaque côté, puis 3 minutes de repos, puis 5 répétitions avec 25 kg de chaque côté, puis 3 minutes de repos, puis 4 répétitions avec 27,5 kg de chaque côté. Ensuite on se repose encore 3 minutes et on passe aux séries de travail en diminuant nettement le poids pour parvenir à faire 15 répétitions. Cet échauffement stimule encore plus les unités motrices.
- **Résultat :** l'influx électrique en provenance du système nerveux va être encore plus efficace. Ainsi, alors que faire 4 séries de 15 répétitions avec 80 kg était très dur, cela va devenir nettement plus facile. En conséquence on pourra donc encore augmenter le poids à la séance suivante, en passant à 85 kg pour les séries de travail.

Vaincre la sclérose en plaques

Au-delà des deux mois, on pourra faire varier encore le nombre de répétitions. L'objectif est toujours le même : stimuler au mieux le système nerveux et continuer à forcer la progression. Ainsi on pourra effectuer régulièrement des séries de travail avec des poids encore plus lourds et donc avec moins de répétitions et plus de séries. Par exemple, si une semaine on a effectué 4 séries de 15 répétitions avec 80 kg, on essaiera la semaine suivante de faire 5 séries de 10 répétitions avec 90 kg. La semaine d'après on reviendra en séries de 15 mais avec 85 kg cette fois. Le nombre de répétitions choisi peut s'étaler de 5 à 15 environ, mais il n'est pas utile de chercher à faire moins de répétitions que 5 sur les séries de travail (on peut le faire sur l'échauffement). La stimulation pour le système nerveux sera certes forte, mais le risque de blessure augmentera d'autant.

« *J'ai suivi l'entraînement pendant environ 6 mois. Ensuite nous avons déménagé et depuis, je n'ai pas encore pu reprendre l'entraînement. Mais je n'ai rien perdu des capacités retrouvées ! Mieux, je peux désormais faire de longues randonnées et vivre comme "madame tout le monde", ou presque.* »

>>> Bien choisir son matériel et sa salle d'entraînement

Pour chaque groupe musculaire (jambes, torse et dos), je vais présenter des machines indispensables.

Pour que le programme soit totalement efficace, il est indispensable qu'il soit suivi dans une salle de sport qui possède **au moins l'une des machines indispensables de chaque groupe musculaire**.

Machines indispensables pour travailler
LE GROUPE MUSCULAIRE DES JAMBES

La presse à cuisses à 45 degrés

Il s'agit d'une excellente machine, très progressive, qui permet de travailler simultanément et de manière équilibrée les cuisses (quadriceps à l'avant et ischio-jambiers à l'arrière), les mollets, les fessiers et les abdominaux. Bien exécutés, les mouvements sont très sécuritaires sur un appareil de ce type (peu de risques de blessures). Du fait de la position assise, le mouvement peut être débuté même avec un handicap important.

Le hack squat

Le hack squat est une alternative à la presse à 45 degrés. Ici c'est le corps tout entier qui monte et qui descend lorsque l'on pousse sur les jambes. Ce mouvement est moins efficace que la presse à 45 degrés, car le déplacement du corps entier est plus fatigant pour la commande nerveuse, même à un niveau de recrutement moteur plus faible. De manière conséquente, on porte généralement moins lourd au hack squat qu'à la presse 45, ce qui en fait un exercice moins efficace. C'est toutefois utilisable.

La presse à cuisses linéaire

La presse à cuisses linéaire est une alternative à la presse à 45 degrés. Il en existe deux modèles : l'un sur lequel le plateau ne coulisse pas, c'est le fauteuil qui se déplace ; et un autre sur lequel le fauteuil est fixe et c'est le plateau qui bouge. La version avec plateau qui bouge est un peu plus adaptée.

Machines indispensables pour travailler
LE TORSE

Le développé à la machine

Il s'agit d'une machine qui travaille le torse (les pectoraux, l'avant des épaules) et les bras (le triceps, à l'arrière du bras). On y est assis ou couché et on pousse avec les bras. Contrairement au développé couché à la barre (ci-dessous) on peut régler la résistance de manière très fine, soit à l'aide de rondelles de fonte soit à l'aide d'un système de poids embarqués.

Le développé couché à la barre

C'est une alternative au développé à la machine. Il s'agit d'un banc sur lequel on est couché. On attrape une barre avec les bras tendus, on la descend au niveau de la poitrine puis on la remonte. C'est un exercice extrêmement difficile pour une femme, et plus encore en cas de sclérose en plaques.

On peut donc le faire, mais il ne faut pas être surpris si on ne parvient pas à la lever plus d'une ou deux fois la première fois.

Machines indispensables pour travailler LE DOS

Le tirage assis

Il s'agit d'un exercice de tirage qui travaille le dos (haut du dos, bas du dos, arrière des épaules) et les bras (biceps, à l'avant du bras). Il existe plusieurs dizaines de machines différentes de ce type qui fonctionnent toutes sur le même principe : on est assis et l'on tire vers soi un câble, une barre ou deux barres, à la manière d'un rameur, mais sur un siège fixe.

>>> Pour la bonne exécution des mouvements

Pour vous aider à réaliser les mouvements correctement, voici quelques explications en photo pour les trois exercices de base. À eux seuls, ces 3 exercices travaillent quasiment tous les muscles du corps humain.

1 EXERCICE DES CUISSES

Le travail des cuisses se fait sur une presse à cuisses.

a. Pour commencer le mouvement, il faut bien placer ses pieds. Ces derniers se situeront d'autant plus haut sur le plateau que vos jambes sont grandes. Les pieds doivent impérativement être dans l'alignement du genou. Les pieds peuvent être ouverts comme sur cette photo, légèrement « en canard » ou strictement parallèles (et donc plus rapprochés). La version « pieds écartés » travaillera plus l'arrière de la cuisse et les fesses, alors que la version « pieds serrés » travaillera plus l'avant des cuisses. Pour déterminer quelle position utiliser, il faut faire des essais et choisir la position dans laquelle on parvient à lever le plus de poids (là où on est le plus fort). C'est généralement le cas de la position pieds parallèles.

b. La bonne position

On exécute le mouvement en descendant le plateau jusqu'à avoir les genoux repliés au niveau de la poitrine, puis on pousse sur les jambes pour remonter le plateau. Tout au long du mouvement, il est impératif de conserver les genoux dans l'axe des pieds. Cela demande généralement une attention spécifique, ces derniers ayant tendance naturelle à « rentrer » entre les jambes lors de la poussée. Une mauvaise exécution peut entraîner des lésions du genou. À la fin du mouvement (quand le plateau est remonté), il est impératif d'éviter de tendre totalement les jambes avant de redescendre le plateau. Dans le cas contraire, les genoux fragiles peuvent subir des tensions importantes proportionnelles au poids et pouvant entraîner des blessures graves.

◆ La position à éviter

Ici l'exécution est caricaturale et montre ce qu'il ne faut surtout pas faire : les genoux ne sont plus du tout dans l'alignement des pieds.

2 EXERCICE DU DOS

a. ◆ La règle principale concernant ce mouvement est que le dos doit rester droit pendant l'exécution. Cela n'empêche pas de se pencher en avant, comme ici, pour aller attraper la prise.

b. ◆ Pour exécuter le mouvement, on garde le dos perpendiculaire au sol, on tire les épaules et les coudes en arrière (et pas uniquement les coudes). À mesure que les épaules et les coudes basculent vers l'arrière, on gonfle le torse en avant. Une fois la poignée arrivée au niveau du torse, on relâche le poids en faisant basculer vers l'avant les coudes puis les épaules. Le dos reste droit à tout moment. La difficulté de cet exercice réside dans le bon mouvement des épaules, qui bougent successivement de l'avant vers l'arrière. Pour bien ressentir la bonne exécution de ce mouvement, il faut le répéter plusieurs fois avec un poids léger.

3 EXERCICE DU TORSE

a ◆ On commence par bien se placer sous la barre, en étant allongé dessous, les yeux dans son alignement. Les épaules doivent être penchées en arrière, comme « rentrées » dans le banc. Cela peut générer une zone entre les omoplates qui ne touche plus le banc ; cela est normal. De même, le bas du dos ne touche généralement pas le banc, il est très légèrement arqué, exactement comme il l'est quand on se tient normalement droit (notre dos n'est jamais plat). Les jambes doivent être ancrées dans le sol et les genoux forment environ un angle à 90 degrés vers le sol. Les mains doivent être écartées d'une distance environ égale au double de la largeur d'épaule (inutile d'être précis au centimètre près).

b. ◆ On descend doucement la barre au niveau du torse, jusqu'à le toucher. On remonte en poussant le plus fort possible. Tout au long de l'exercice, le dos et les épaules ne doivent pas bouger. On peut « pousser » sur les jambes pendant la montée de la barre pour dégager plus de puissance.

>>> Exemple de rééducation sur 3 mois

Voici un exemple de programme sur 3 mois, tel qu'il a pu être effectué par Émilie. On constate qu'Émilie a majoritairement travaillé les jambes :

	PRESSE À CUISSES À 45 DEGRÉS	TIRAGE ASSIS	DÉVELOPPÉ COUCHÉ
SEMAINE 01	2 x 1 @ 0*		
SEMAINE 02	3 x 2 @ 0		
SEMAINE 03	3 x 8 @ 0		
SEMAINE 04	3 x 15 @ 0 et 1 x 5 @ 10	3 x 10 @ 20	2 x 1 @ 0
SEMAINE 05	3 x 10 @ 10 et 1 x 10 @ 20	3 x 15 @ 25	2 x 3 @ 0 et 1 x 1 @ 0
SEMAINE 06	4 x 15 @ 10	4 x 10 @ 35	
SEMAINE 07	4 x 20 @ 10		1 x 5 @ 0 et 2 x 3 @ 0
SEMAINE 08	5 x 15 @ 20		
SEMAINE 09	6 x 8 @ 25		
SEMAINE 10	3 x 10 @ 20 et 3 x 10 @ 25	3 x 8 @ 40	
SEMAINE 11	4 x 12 @ 30	3 x 10 @ 40	2 x 4 @ 0
SEMAINE 12	5 x 10 @ 35		4 x 3 @ 0
SEMAINE 13	3 x 5 @ 45 et 3 x 20 @ 20		
SEMAINE 14	4 x 15 @ 35 et 2 x 5 @ 50		
SEMAINE 15	5 x 20 @ 35	4 x 10 @ 40	1 x 3 @ 5 et 2 x 3 @ 0
SEMAINE 16	4 x 10 @ 50		

* Pour 2 x 1 @ 0 il faut lire « 2 séries de 1 répétition avec 0 kg de charge additionnelle ».

« *Parce que les muscles des jambes restent les plus forts du corps humain malgré la maladie, la presse à cuisses est le seul mouvement que j'ai pu faire pendant plusieurs semaines. Par la suite j'aurais pu être plus sérieuse en effectuant tous les exercices nécessaires et qui permettent un développement harmonieux des muscles, mais contre toute attente j'ai rapidement pris énormément de plaisir à pousser avec mes jambes. Au fur et à mesure du temps, je voyais la séance de jambes comme un exutoire face au handicap, un moyen de devenir plus forte, de conjurer le sort.* »

Même si l'entraînement d'Émilie n'a pas été très assidu sur les groupes musculaires autres que les jambes, il a toujours recherché une progression. Même principe sur le groupe musculaire des jambes : malgré une variation constante du nombre de séries, de répétitions et du poids, on observe une progression globale, plus ou moins rapide au fil du temps. Il se peut aussi qu'une ou deux semaines se passent sans observer de progression, cela est normal et ne doit pas inquiéter. Au-delà de deux semaines d'absence de progression, même infime, cela signifie qu'il y a un problème : manque de motivation à l'entraînement ou mauvaise alimentation.

>>> L'alimentation indispensable autour des séances

Au cours d'un entraînement physique de ce type, les contraintes mécaniques que subissent les muscles vont engendrer des microdéchirures. Il s'agit d'un phénomène normal et inévitable, qui est notamment responsable des courbatures. Au fur et à mesure des séances, les muscles vont se renforcer et les courbatures seront moins intenses.

Pour qu'une progression soit possible, il faut que ces microdéchirures guérissent avant l'entraînement suivant (une semaine plus tard environ). Pour que cela puisse avoir lieu, il faut donner à notre organisme les éléments nécessaires à cette réparation. Cela passe par une alimentation de qualité (suffisamment de protéines, de végétaux et de calories), mais aussi par une alimentation bien répartie autour des entraînements. Voici par exemple une répartition très mauvaise de l'alimentation autour des séances, qui aboutira à une progression très ralentie ou nulle :

- **8 h :** petit déjeuner
- **12 h 30 :** déjeuner
- **16 h 30 :** entraînement de rééducation pendant 45 minutes
- **21 h :** dîner

3 h 30 se seront écoulées entre le repas de midi et le début de l'entraînement et 3 h 45 se seront écoulées après l'entraînement avant le dîner. Les muscles sollicités violemment au cours de l'exercice n'auront ainsi aucune source d'énergie utilisable pour stopper la destruction du muscle par les microdéchirures : la récupération sera fortement ralentie.

Voici deux autres agencements possibles de l'entraînement par rapport à l'alimentation qui permettent cette fois de bons résultats :

- **8 h :** petit déjeuner
- **11 h :** entraînement de rééducation pendant 45 minutes
- **12 h 30 :** déjeuner
- **21 h :** dîner

ou :

* **8 h** : petit déjeuner
* **12 h 30** : déjeuner
* **16 h** : petite collation
* **19 h** : entraînement de rééducation pendant 45 minutes
* **21 h** : dîner

LES POINTS IMPORTANTS
POUR LA RÉUSSITE DE LA RÉÉDUCATION

* Le but de l'entraînement est de chercher à être le plus fort possible : le poids de la charge de travail doit augmenter à chaque séance.
* L'augmentation de la charge de travail d'une séance à l'autre ne doit pas nécessairement être forte. La majeure partie du temps elle ne peut être que faible : entre 2 et 5 kg en général pour les exercices des jambes, entre 1 et 2 kg pour les exercices du torse ou du dos.
* S'il n'est pas possible d'augmenter le poids, il faut augmenter le nombre de répétitions : chaque séance doit toujours être plus stimulante que la précédente. On peut aussi augmenter le nombre de séries : passer de 4 séries de 15 répétitions à 50 kg à 6 séries de 15 répétitions à 50 kg est une belle progression.
* Pour bien se positionner lors des mouvements, faites appel à un coach sportif de la salle de sport. S'il n'y en a pas ou si ses conseils ne semblent pas fiables, tournez-vous vers la personne visuellement la plus musclée de toute la salle de sport, même si elle vous intimide. Même si ce dernier n'est pas diplômé et même si son physique peut être lié à l'utilisation de produits dopants, il n'en reste pas moins qu'il possède une certaine

expérience de l'entraînement : il est a priori le plus à même de vous donner de bons conseils.

♦ Pour être bénéfique sur le long terme, l'entraînement doit être suivi sans discontinuer pendant au moins 3 mois.

Dans la plupart des handicaps légers, ce programme de rééducation est suffisant. Si ce n'est pas le cas, cela signifie qu'une stimulation plus puissante est nécessaire. Cette nouvelle stimulation pourra être combinée avec l'entraînement décrit précédemment. C'est l'objet du chapitre suivant.

Récupérer d'un handicap profond

L orsque le handicap ne permet pas de suivre le programme de rééducation en cas de handicap léger, ou si ce dernier s'est révélé insuffisamment efficace, d'autres techniques doivent être utilisées. Ce sont des techniques de ce type auxquelles a dû avoir recours le Dr Wahls (voir page 126), car elle ne pouvait plus se déplacer en dehors de son lit ou d'un fauteuil roulant.

>>> Brancher ses muscles à une prise électrique

Au cours de ses recherches personnelles, le Dr Wahls avait aussi découvert l'impact de certaines formes d'exercice physique sur les facteurs de croissance des neurones (voir page 141). Comme moi, elle était arrivée à la conclusion que pour espérer récupérer des fonctions neurologiques perdues, il fallait stimuler les nerfs de manière puissante. Mais comment faire quand on est incapable de bouger ?

Comme les muscles se contractent sous l'influence d'une impulsion électrique en provenance des nerfs, l'idée du Dr

Wahls fut simple : que se passerait-il si on envoyait directement un courant électrique dans les muscles ? Cette idée un peu folle a déjà été testée sur des victimes d'accidents de la route dont la moelle épinière a été endommagée. En effet, on a constaté sur ces victimes que les axones des neurones moteurs se détérioraient au fil du temps, aggravant ainsi le handicap et entravant la récupération de fonctions neurologiques. Comme la pratique d'exercices physiques intenses n'est pas possible dans ces cas-là, des chercheurs se sont donc demandé quel pourrait être le bénéfice d'une stimulation électrique des nerfs. Pour ce faire, ils ont inséré de fines aiguilles dans un des deux membres touchés et ont soumis les volontaires à des séances d'électrostimulation à raison de 5 séances par semaine de 30 minutes chacune pendant un mois et demi. Si l'aiguille était insérée dans la jambe droite d'un volontaire, sa jambe gauche ne subissait donc aucun traitement pendant la même période. Résultat : la stimulation électrique a empêché la détérioration des axones et a prévenu la perte de fonctions neurologiques[232]. Pour les chercheurs, cette technique permet aussi d'améliorer l'efficacité des programmes de rééducation classique (kinésithérapie, etc.).

Plutôt que de s'insérer des aiguilles dans les membres, le Dr Wahls a utilisé un appareil d'électrostimulation dont les effets sont identiques. Au lieu d'utiliser des aiguilles, on applique des électrodes sur la peau grâce à des patchs autocollants et un gel conducteur électrique. Le Dr Wahls a utilisé son appareil 15 à 45 minutes tous les jours pendant deux mois. Au bout de ce laps de temps, son état s'était amélioré de manière à peine perceptible. Mais à cette époque, le Dr Wahls n'avait pas encore modifié son alimentation, ce qu'elle fit au bout du deuxième mois. À partir de là, les effets de l'électrostimulation devinrent très importants. Au bout de six mois de travail intensif, le Dr Wahls avait retrouvé l'usage partiel de ses jambes[233].

Puisqu'elle était médecin à l'université de l'Iowa (États-Unis), le Dr Wahls décida de tester sa technique d'électrostimulation sur d'autres malades de sclérose en plaques. En 2009, elle recruta 9 autres malades décidés à tenter l'expérience. Tous étaient touchés par des formes progressives de la maladie. Chacun s'est vu remettre un appareil d'électrostimulation et a suivi les conseils du Dr Wahls. Avec plus ou moins de rigueur puisque la personne la moins motivée abandonna la rééducation au bout de 22 jours, sans observer le moindre changement. La plus motivée suivit le programme pendant 495 jours, soit environ un an et demi !

Voici les résultats observés sur les autres malades en fonction de la durée suivie de rééducation par chacun d'entre eux :

- **33 jours :** amélioration des douleurs de la personne, notamment au niveau de sa main droite.
- **62 jours :** recours moins fréquent à une canne pour marcher, moins de chutes.
- **106 jours :** utilisation d'une canne beaucoup plus occasionnelle.
- **112 jours :** amélioration de la locomotion des membres inférieurs (moins de problèmes pour poser le pied lors de la marche), meilleure endurance, amélioration de l'humeur.
- **116 jours :** amélioration de la locomotion des membres inférieurs, meilleur équilibre, amélioration de l'humeur.
- **199 jours :** suppression du besoin de cannes, capacité retrouvée de courir, moins de problèmes d'équilibre.

• **495 jours :** suppression du besoin de déambulateur, marche facile sans aide, capacité retrouvée de faire du vélo.

On observe de manière très nette que les bénéfices de la rééducation sont directement proportionnels à la durée de la rééducation. Il s'agit d'une similitude avec le programme dédié aux handicaps légers, à l'exception du fait qu'ici les bénéfices sont plus longs à être observés.

L'appareil utilisé par le Dr Wahls sur elle-même et sur ses patients n'existe pas en Europe et n'est plus commercialisé aux États-Unis. À la place, Émilie a utilisé un appareil d'électrostimulation conventionnel, normalement utilisé par les sportifs.

>>> Comment utiliser la rééducation électrique

Lorsqu'on envoie un courant électrique dans les muscles, ces derniers se contractent. Rappelons que la contraction se fait grâce aux unités motrices (voir page 137). Et plus l'intensité électrique est importante, plus le recrutement des unités motrices l'est aussi. L'électrostimulation a donc des effets comparables à ceux de l'entraînement physique décrit précédemment, à ceci près que les bénéfices sont beaucoup plus lents, probablement parce que la production de facteur neurotrophique du cerveau (le BDNF, voir page 140) est dans ces cas-là beaucoup plus faible. De plus, comme la rééducation traditionnelle, l'électrostimulation peut ne donner que des résultats partiels, auquel cas il convient de les associer. Dans tous les cas, il faut garder en tête que les bénéfices éventuels de ces programmes seront amoindris voire nuls si le mode de vie et l'alimentation anti-sclérose en plaques n'ont pas été adoptés.

Il existe de nombreux produits d'électrostimulation sur le marché. Tous les appareils destinés au « remodelage de la silhouette », à la « récupération » ou au « fitness » sont inutiles pour la rééducation dans la sclérose en plaques, car l'ampleur de la stimulation électrique est trop faible. **Il convient de s'orienter vers un modèle destiné à l'usage de sportifs entraînés**.

Le fonctionnement d'un électrostimulateur est simple : vous placez des électrodes sur vos muscles comme l'indique le mode d'emploi puis vous allumez l'appareil. Vous choisissez un programme adapté à l'objectif, par exemple « travail de la force », et vous laissez faire la machine. Les seuls appareils qui conviennent sont donc ceux qui possèdent des programmes préenregistrés dans un objectif de préparation physique : musculation et force. De tels appareils ont malheureusement un certain coût : comptez environ 430 euros pour un modèle de base, en sachant que les modèles haut de gamme ne vous apporteront aucun bénéfice supplémentaire particulier.

Comme c'est le cas lors d'un entraînement de rééducation en salle de sport, les séances d'électrostimulation doivent suivre une logique simple : vous devez impérativement augmenter l'intensité électrique envoyée aux muscles au fil des séances. Au départ cela sera difficile, car l'impulsion électrique peut être très désagréable. Mais rapidement le renforcement des muscles vous permettra d'augmenter l'intensité. L'intensité se règle une fois qu'un programme est lancé, en appuyant généralement sur une flèche directionnelle « haut ».

Enfin, pour bien fonctionner, l'appareil d'électrostimulation a besoin d'électrodes en bon état. Ces dernières s'abîment relativement vite. Quand elles le sont, la stimulation électrique devient plus douloureuse et sollicite moins le muscle. Dès que cela se produit, il faut changer les électrodes.

>>> Fréquence et mode d'emploi des entraînements

Comme dans le cas d'un entraînement physique classique, il faut concentrer le travail électrique sur les groupes musculaires puissants : cuisses, torse, bras. Les cuisses en particulier doivent être stimulées intensément. En revanche, contrairement à un entraînement de musculation réel, l'électrostimulation n'est pas très traumatisante pour les fibres musculaires, il est possible de répéter les entraînements plus souvent : je conseille d'effectuer 3 à 4 entraînements par semaine en choisissant le programme « force ». Chaque programme dure environ 30 minutes donc faites-en au moins 2 à chaque séance, en cherchant toujours l'intensité électrique maximale tolérable.

Les autres jours, ou les jours où vous n'avez pas envie de vous confronter à des stimulations électriques violentes (qui peuvent véritablement représenter un challenge !), ne vous reposez pas : intégrez une séance à intensité électrique faible. La plupart de ces appareils intègrent des programmes antidouleur comme « antidouleur TENS ». Il s'agit ici d'impulsions électriques efficaces sur les douleurs neuropathiques comme celles de la sclérose en plaques. C'est un bon moyen de se reposer et de soulager les douleurs.

Enfin, si vous êtes confiné à la maison pour des raisons de santé, profitez de tout ce temps pour effectuer des séances d'impulsions électriques peu puissantes, mais très longues : par exemple le programme « musculation » à intensité faible, mais pendant plusieurs heures, tous les jours ou presque ! Vous effectuerez ainsi un autre type de stimulation qui va renforcer la sensibilité des unités motrices et leur recrutement lors des séances à intensité plus forte.

Émilie a utilisé l'électrostimulation pour commencer (comme elle l'a évoqué page 132) : « *J'ai suivi mon programme d'électrostimulation régulièrement pendant quelques semaines, mais je suis assez rapidement passée au programme de rééducation en salle de sport. C'était aussi une façon de me battre plus activement contre ce qui m'arrivait. Je pense que la rapidité avec laquelle sont apparus les bénéfices des exercices est aussi en rapport avec mon utilisation préalable de ces stimulations électriques. Grande découverte avec cet appareil, les programmes antidouleur : quel plaisir de pouvoir endormir quelques douleurs sans l'utilisation de médicament !* ».

LES PROMESSES DE LA THÉRAPIE PAR VIBRATION

Il existe une autre méthode de rééducation qui suscite de l'espoir dans quelques études scientifiques. Il s'agit de la thérapie par plates-formes vibrantes, les appareils les plus connus à cet usage sont les PowerPlate©.

Une analyse récente des études scientifiques ayant testé ce type d'intervention sur des malades a montré une légère amélioration de la capacité à la marche sur 250 malades au bout de 3 mois environ[234].

Il s'agit donc d'un effet modeste, mais notable, qui peut être intéressant pour les personnes ne pouvant pas accéder à un appareil d'électrostimulation ou à une salle de sport, mais ayant ce type d'appareil à disposition.

>>> Récupérer les fonctions neurologiques de haute spécificité

Marcher, attraper, voilà autant d'actions simples de la vie quotidienne qui sont d'une importance fondamentale. Voilà bien une richesse que les individus valides ne mesurent probablement pas pleinement. Malgré cela, on peut avoir envie de récupérer plus que cela quand on a été malade. La rééducation, malgré son efficacité redoutable, peut ne pas apporter une rémission totale. En particulier, certaines fonctions de haute spécificité peuvent ne pas avoir été retrouvées. Il s'agit par exemple de la dextérité manuelle au piano, au violon ou des capacités intellectuelles de concentration et de mémoire.

La solution est ici assez proche de la rééducation traditionnelle : elle vise à solliciter le système nerveux au maximum au cours d'exercices identiques à l'activité que l'on souhaite améliorer ou qui en sont proches. Par exemple, un pianiste devra travailler intensément sa motricité des mains en passant plus de temps à l'entraînement du piano que de coutume. Pour les déficits intellectuels (concentration, vivacité d'esprit), un bon exercice est tout simplement de s'adonner à des jeux de société de réflexion et de stratégie. Les échecs bien sûr, mais aussi d'autres jeux plus faciles d'accès : Rummikub, casse-tête, etc. Pour en tirer des bénéfices, une pratique quotidienne est indispensable. En association avec l'exercice physique général, ces entraînements se montrent rapidement efficaces.

Recettes

Toutes les recettes présentées ici sont conformes aux conseils du livre. Nous ne préconisons donc pas l'ajout de sel. Si cette transition aux repas sans sel vous paraît trop brutale au niveau gustatif, commencez par ajouter un petit peu de sel à vos préparations, puis réduisez progressivement les quantités jusqu'à ne plus en mettre du tout. Vous serez surpris de votre capacité à vous adapter rapidement, et pourrez ainsi (re)découvrir la saveur riche des aliments bruts. Par ailleurs, l'utilisation d'épices est une excellente parade pour relever les plats sans les saler.

Enfin, toutes les recettes de ce livre sont très rapides et faciles à réaliser car nous sommes conscients que tout le monde n'a pas forcément un temps fou à passer derrière les fourneaux.

Petit déjeuner breton

◆ 50 g de farine de sarrasin ◆ 1 œuf entier ◆ eau

1 Dans un saladier, battre l'œuf entier, puis y ajouter la farine de sarrasin.
2 Mélanger avec un fouet en ajoutant progressivement de l'eau jusqu'à obtenir la consistance d'une pâte à crêpes.
3 Faire cuire dans une grande poêle en retournant la galette dès qu'elle se détache toute seule.
4 À déguster avec un peu de miel, un fruit et une boisson chaude.

Bol de vie

❙ POUR 1 PERSONNE ❙

◆ 2 yaourts de soja bio ◆ 1 orange ◆ 1 banane ◆ 30 g de noisettes
◆ 20 g de flocons de sarrasin

1 Dans un grand bol, verser les deux yaourts de soja.
2 Couper les fruits en petits dés avant de les incorporer aux yaourts avec les noisettes et les flocons de sarrasin.
3 Prêt en moins d'1 minute chrono !

Gratin de légumes croustillant

| POUR 2 PERSONNES |

◆ 1 chou-fleur entier ◆ 3 œufs ◆ noix de muscade en poudre
◆ 2 c. à s. de flocons de sarrasin ◆ 2 poivrons ◆ 1 oignon ◆ 1 échalote
◆ 2 tomates ◆ poudre d'amandes

1 Faire cuire le chou-fleur à la vapeur.

2 Préparer un appareil : écraser le chou-fleur cuit dans un petit saladier puis ajouter les œufs, un peu de noix de muscade et les flocons de sarrasin.

3 Placer l'appareil dans un moule à tarte préalablement graissé à l'huile de coco puis réserver.

4 Pendant ce temps, cuire dans une poêle avec un peu d'huile d'olive les poivrons, l'oignon, les tomates et l'échalote coupés en morceaux.

5 Verser cette préparation dans le moule à tarte.

6 Parsemer l'ensemble de poudre d'amandes puis faire cuire au four à 150 °C pendant 20 minutes.

Velouté de courgettes au thym

| POUR 4 PERSONNES |

◆ 4 à 5 courgettes de bonne taille ◆ 2 oignons ◆ 100 g de tofu soyeux
◆ un petit bouquet de thym ◆ 2 verres de bouillon de poule

Lorsque l'on prépare une soupe, il est de coutume de mettre tous les légumes en même temps dans l'eau et de les laisser cuire. Ce n'est pas le cas de ce velouté qui se prépare comme on prépare un bon petit plat.

1 Faire revenir les oignons dans un peu d'huile d'olive, puis petit à petit, ajouter les courgettes coupées en morceaux grossiers.

2 Quand ils commencent à prendre une jolie couleur dorée, ajouter d'abord deux verres de bouillon de poule maison (voir recette page 199) puis compléter avec de l'eau jusqu'à recouvrir les courgettes. Ajouter un bouquet de thym et poivrer.

3 Couvrir et laisser mijoter 15 à 20 minutes.

4 Au bout de ce temps, ajouter le tofu soyeux puis mixer le tout.

Gazpacho de courgettes coco-menthe

▌ POUR 3 PERSONNES ▌

◆ 4 à 5 courgettes de bonne taille ◆ une brique de lait de coco ou de crème de coco (200 ml) ◆ menthe fraîche

1 Couper les courgettes en morceaux de taille moyenne.

2 Les cuire à la vapeur une vingtaine de minutes. Une fois cuites, les laisser tiédir.

3 Placer les courgettes tièdes dans un mixeur ou dans un blender, et mixer.

4 Ajouter ensuite le lait de coco ou la crème de coco et mixer à nouveau progressivement jusqu'à obtenir une consistance veloutée, ni trop liquide, ni trop épaisse.

5 Hacher finement la menthe fraîche, puis l'incorporer au velouté. Ajouter quelques glaçons, mixer le tout et servir bien frais.

6 Servir en entrée ou accompagné d'un plat épicé pour ajouter une note douce et fraîche.

Courge butternut aux épices

I POUR 2 PERSONNES I

◆ courge butternut de taille moyenne ◆ mélange 4 épices ◆ huile d'olive ◆ 2 filets de poulets

1 Éplucher la courge puis la détailler en dés.

2 Dans un saladier, enduire les dés de courge de mélange 4 épices et d'huile.

3 Placer dans une cocotte hermétique avec un léger fond d'eau et faire cuire à l'étouffée au four à 150 °C pendant 20 à 30 minutes.

4 Ce plat accompagnera parfaitement les filets de poulet.

Fondue de poireaux

I POUR 3 PERSONNES I

◆ 5 à 6 poireaux ◆ 2 oignons ◆ huile d'olive

1 Découper finement les oignons et les poireaux préalablement débarrassés de leurs extrémités vert foncé.

2 Préchauffer légèrement une poêle, y ajouter un peu d'huile d'olive et faire revenir les oignons à feu moyen à fort. Dès qu'ils commencent à dorer, ajouter les poireaux et remuer régulièrement jusqu'à ce que les poireaux dorent légèrement à leur tour. Poivrer. Baisser le feu, couvrir.

3 Remuer de temps en temps et laisser cuire une vingtaine de minutes. Les poireaux ne doivent pas griller mais confire doucement.

4 Cette fondue peut s'accompagner d'une viande comme d'un poisson, mais elle se marie particulièrement bien avec une poêlée de Saint-Jacques.

Poulet mariné à l'américaine

◆ 1 poulet entier coupé en morceaux ◆ 2 c. à s. de moutarde à l'ancienne ◆ 2 gousses d'ail pressées ◆ 4 c. à s. d'huile d'olive ◆ 1 piment de cayenne séché ◆ 2 c. à s. de vinaigre de cidre ◆ 1/2 c. à c. de poivre noir moulu ◆ quelques feuilles de thym et 1 feuille de laurier

1 Dans un grand saladier, mélanger tous les ingrédients à l'exception du poulet pour constituer une marinade.

2 Ajouter ensuite les morceaux de poulet et laisser mariner au moins une heure. Pour des saveurs optimales, laisser mariner au réfrigérateur pendant 24 heures.

3 Placer les morceaux de poulet marinés dans une cocotte fermée et faire cuire au four pendant 40 minutes environ à 180 °C.

Carottes croquantes au cumin

❘ POUR 3 PERSONNES ❘

◆ 6 carottes de bonne taille ◆ 1 c. à s. d'huile d'olive ◆ 1 c. à c. de cumin
◆ poivre

1 Couper les carottes en gros bâtons.
2 Dans une poêle, placer les bâtons de carottes et les recouvrir d'un peu d'eau froide. Ajouter une cuillère à soupe d'huile d'olive (ou si vous préférez une noix de graisse de canard) et une cuillère à café de cumin en poudre. Cuire à feu vif durant 20 minutes.
3 Lorsqu'il n'y a presque plus d'eau, c'est cuit. Les carottes doivent rester légèrement croquantes.
4 Servir accompagné d'œufs au plat ou d'une omelette et d'une belle salade verte.

Courge cornue farcie

❘ POUR 1 PERSONNE ❘

◆ 1 petite courge cornue ◆ 1 demi-steak haché ◆ 1 tomate ◆ 1 c. à c.
de concentré de tomates ◆ 1/2 oignon ◆ 1 gousse d'ail ◆ poudre
d'amandes

1 Faire cuire la courge à l'eau.
2 Détacher le chapeau et vider la courge de ses graines.
3 Mélanger tous les ingrédients pour constituer la farce et garnir la courge.
4 Parsemer de poudre d'amandes.
5 Faire cuire au four 5 à 10 minutes à 200 °C.

Pain de courgettes et concassé de tomates fraîches

I POUR 3 PERSONNES I

◆ 4 à 5 courgettes de bonne taille ◆ 3 œufs entiers ◆ 3 à 4 tomates bien juteuses ◆ huile d'olive ◆ poivre ◆ ail ◆ ciboulette fraîche

1 Faire cuire les courgettes à la vapeur ou dans de l'eau pendant 15 à 20 minutes.

2 Lorsqu'elles sont cuites, les presser jusqu'à ce qu'elles ne rendent plus d'eau.

3 Battre les œufs en omelette. Poivrer.

4 Mélanger l'omelette aux courgettes. Rectifier l'assaisonnement si besoin.

5 Huiler un moule à cake et le remplir de la préparation aux courgettes.

6 Préchauffer le four à 180 °C et faire cuire 30 à 40 minutes.

7 Pendant ce temps, préparer le concassé : couper les tomates en tout petits morceaux, ajouter de l'ail écrasé et de la ciboulette coupée finement. Poivrer.

8 Démouler le pain de courgettes encore tiède et le couper en tranches épaisses.

9 Servir tiède ou froid avec le concassé de tomates. Un saumon mi-cuit est un accompagnement idéal.

Flan de courge butternut au curcuma

❦ POUR 3 PERSONNES ❦

◆ 1 grosse courge butternut ◆ 3 œufs entiers ◆ 2 c. à s. rases de Maïzena ◆ 1 brique de lait de coco (200 ml) ◆ curcuma en poudre ◆ persil ◆ 1 gousse d'ail ◆ 1 oignon

1 Si votre courge est fraîche et bio, conserver sa peau, riche en vitamines. Sinon, l'éplucher. L'évider de ses pépins et la découper en petits morceaux. Faire cuire à la vapeur environ 15 minutes.

2 Préchauffer le four à 180 °C.

3 Pendant ce temps, battre les œufs en omelette dans un saladier, y ajouter le lait de coco, puis la Maïzena.

4 Ciseler l'oignon, le persil, écraser la gousse d'ail et incorporer le tout au mélange. Poivrer.

5 Ajouter le curcuma en poudre ainsi que les morceaux de courge cuite, mélanger de nouveau.

6 Verser le mélange dans un plat préalablement huilé et cuire au four 15 à 20 minutes.

1 Servir chaud accompagné d'une salade de crudités.

Frites de patates douces
aux herbes et épices

❙ POUR 3 PERSONNES ❙

◆ 4 gosses patates douces (6 si elles sont petites) ◆ huile d'olive
◆ mélange cinq baies ◆ noix de muscade ◆ curcuma en poudre
◆ gingembre moulu ◆ thym ◆ romarin ◆ piment d'Espelette

1 Rincer, éplucher et découper les patates douces en grosses frites (type frites rustiques).

2 Préchauffer le four à 200 °C.

3 Disposer les frites de patates douces à plat sur deux plaques de préférence afin que la cuisson soit uniforme et y ajouter une généreuse quantité d'huile d'olive. Les frites ne doivent pas baigner dans l'huile mais en être toutes recouvertes d'une fine couche. Pour être certain de ne pas en mettre trop, ajouter l'huile à l'aide d'un spray destiné à cet effet, ou plus simplement, malaxer avec les mains (salissant, mais très efficace !).

4 Ajouter ensuite les épices et les herbes : cinq baies, muscade, curcuma, thym, romarin, gingembre, et éventuellement un peu de piment d'Espelette. De la même façon qu'avec l'huile d'olive, mélanger avec les mains reste le plus pratique et le plus rapide.

5 Enfourner et cuire une vingtaine de minutes. Les frites doivent être légèrement dorées et tendres.

6 Ne vous attendez pas au goût des frites traditionnelles, mais vous serez agréablement surpris par la combinaison des saveurs.

Curry de lotte au lait de coco

I POUR 2 PERSONNES I

◆ 3 à 4 filets de lotte ◆ une petite brique de lait de coco (200 ml)
◆ curry en poudre ◆ curcuma en poudre ◆ coriandre fraîche ou
feuilles de coriandre séchées ◆ 100 g de riz basmati

1 Découper les filets en morceaux de taille moyenne.

2 Préchauffer une poêle, y ajouter un peu d'huile d'olive et y placer les morceaux de lotte. Laisser cuire jusqu'à ce qu'ils soient bien saisis, mais en veillant à ce qu'ils restent tendres et ne soient pas grillés. Ajouter du curry en poudre (la quantité varie selon le goût de chacun). Remuer le tout et couper le feu.

3 Ajouter le lait de coco. Ajuster l'assaisonnement et ajouter du curcuma en poudre et de la coriandre. Pour ce plat, des feuilles de coriandre séchées peuvent tout à fait convenir, à défaut de coriandre fraîche.

4 Servir sur du riz basmati.

Foies de veau poêlés au vinaigre et à la sauge

I POUR 2 PERSONNES I

◆ 4 fines tranches ou 2 tranches épaisses de foie de veau ◆ une dizaine de feuilles de sauge ◆ huile d'olive ◆ vinaigre de framboise ◆ poivre ou mélange cinq baies

1 Généralement, les bouchers ont tendance à faire des tranches de veau trop épaisses. Fines, les tranches sont meilleures et elles cuisent plus rapidement. Si les tranches sont trop épaisses, n'hésitez pas à les retailler en petites tranches fines.

2 Préchauffer légèrement une poêle.

3 À feu moyen à doux (attention, la cuisson est très rapide), faire revenir dans un peu d'huile d'olive les feuilles de sauge. Elles vont devenir craquantes.

4 Pendant ce temps, faire cuire rapidement les tranches de foie dans un peu d'huile d'olive sans les faire brûler. Trop cuire le foie de veau le rendra dur. Poivrer (un mélange de cinq baies est idéal).

5 Déglacer au vinaigre (préférer un bon vinaigre de framboise, mais n'importe quel bon vinaigre fera l'affaire).

6 Servir à l'assiette en parsemant les tranches de foie de feuilles de sauge craquantes et parfumées.

7 Le mélange foie de veau, feuilles de sauge et vinaigre est un vrai régal pour les sens et les papilles ! Des haricots verts frais un peu croquants ou des carottes croquantes au cumin (voir page 190) accompagneront parfaitement ce plat.

Bouillon de poule

◆ 1 carcasse de poulet cru ou cuit ◆ 2 carottes ◆ 1 à 2 poireaux
◆ 1 tête d'ail entière ◆ quelques grains de poivre noir ◆ 2 oignons
piqués de clous de girofle ◆ 1 verre de vin blanc

1 Plonger la carcasse dans 5 litres d'eau et ajouter les autres ingrédients.

2 Porter à ébullition puis faire cuire à couvert à feu très, très doux pendant au moins 4 heures, mais en laissant le couvercle légèrement entrouvert.

3 Filtrer le bouillon et jeter les légumes (ces derniers auront tellement cuit, que toutes les bonnes vitamines sont maintenant dans le précieux bouillon).

4 Vous pouvez le consommer tel quel ou l'utiliser comme base de soupe, ou y faire cuire des lentilles et même le congeler pour l'utiliser une autre fois.

Salade de champignons
à la coriandre

| POUR 4 PERSONNES |

◆ 600 g de champignons de Paris ◆ 40 g de pignons de pin ◆ 1 botte de coriandre ◆ ail ◆ vinaigre balsamique ◆ huile d'olive

1 Rincer les champignons et les couper en petits morceaux.

2 Les déposer dans un saladier, ajouter une cuillère à soupe et demi de vinaigre balsamique, deux cuillères à soupe d'huile d'olive (les champignons absorbent beaucoup les liquides, il faut veiller à ce qu'ils ne soient ni trop secs ni trop gorgés d'huile et de vinaigre, et ne pas hésiter à ajuster l'assaisonnement au cours de la préparation).

3 Découper grossièrement une belle botte de coriandre bien fraîche dans le saladier. Ajouter deux gousses d'ail pressées ainsi que les pignons de pin. Poivrer.

4 Déguster sans tarder.

Gâteau de patates douces à la vanille

❙ POUR 4 PERSONNES ❙

◆ 500 g de patates douces ◆ 500 ml de lait de riz ◆ gousse de vanille
◆ 50 g de farine de châtaigne ◆ 2 œufs entiers ◆ 1 c. à s. de tahin
(purée de sésame demi-complète) ◆ 1 c. à s. de sucre roux ◆ 1 c. à s.
de rhum

1 Couper les patates douces en dés et les placer dans une casserole. Ajouter du lait de riz jusqu'à affleurement, environ 1/2 litre, et la gousse de vanille, puis faire cuire jusqu'à l'obtention d'une consistance tendre.

2 Ajouter, hors du feu, la farine de châtaigne, les œufs, le tahin, le sucre et le rhum.

3 Mixer le tout et faire cuire au four à 150 °C pendant 40 minutes dans un moule à cake préalablement graissé à l'huile de coco.

Cake pommes-cannelle

❙ POUR 4 PERSONNES ❙

◆ 4 pommes ◆ 80 g de flocons de sarrasin ◆ 40 g de sucre roux

◆ 2 c. à s. de purée d'amandes ◆ 25 g de farine de riz ◆ 2 œufs entiers

◆ 1 c. à c. de bicarbonate de sodium

Pour la crème : ◆ 2 c. à s. de crème de soja ◆ 1 c. à s. de sucre roux

◆ 1 c. à c. de cognac ou de rhum ◆ 1 c. à s. de cannelle

1 Dans un saladier, battre les œufs avec le sucre, puis ajouter les flocons de sarrasin, la purée d'amandes, la farine de riz, et le bicarbonate de sodium.

2 Verser le mélange, qui constitue le fond de tarte, dans un moule à cake préalablement graissé avec de l'huile de coco.

3 Couper les pommes en quartiers assez fins et les répartir sur le dessus du cake.

4 Constituer la crème en mélangeant la crème de soja, le sucre roux, l'alcool et la cannelle puis napper le dessus du cake.

5 Cuire l'ensemble pendant 45 minutes à 150 °C.

Crumble de fruits rouges aux noix grillées

❙ POUR 4 PERSONNES ❙

◆ 4 pommes ◆ 200 g de fruits rouges ◆ 200 g d'un mélange d'amandes, de noisettes et de noix de cajou (non salées !) ◆ 1/2 c. à c. de cannelle ◆ 1 c. à s. de sucre roux (le rapadura est particulièrement bon)

1 Éplucher et découper les pommes en cubes moyens et les disposer dans un plat à gratin. Ajouter les fruits rouges, le sucre et la cannelle et mélanger le tout.

2 Placer au four préalablement préchauffé à 180 °C et cuire entre 20 et 30 min. Les fruits doivent être dorés, tendres et bien cuits.

3 Pendant ce temps, broyer le mélange de graines à l'aide d'un mortier ou d'un appareil électrique.

4 Préchauffer une poêle, et sans ajout de matière grasse, y verser les graines broyées pour les faire bien dorer. Elles doivent être un peu grillées, mais surtout pas carbonisées.

5 Sortir le plat du four, parsemer des graines grillées et servir.

Bibliographie

1 A Fasano, B Baudry, D W Pumplin et al. *Vibrio cholerae produces a second enterotoxin, which affects intestinal tight junctions.* PNAS 1991 88 (12) 5242-5246.

2 M Di Pierro, R Lu, S Uzzau, et al. *Zonula Occludens Toxin Structure-Function Analysis: Identification of the fragment biologically active on tight junctions and of the zonulin receptor binding domain.* J. Biol. Chem. 2001 276: 19160-19165.

3 Fasano A, Nataro JP. *Intestinal epithelial tight junctions as targets for enteric bacteria-derived toxins.* Adv Drug Deliv Rev. 2004 Apr 19;56(6):795-807.

4 El Asmar R, Panigrahi P, Bamford P, et al. *Host-dependent zonulin secretion causes the impairment of the small intestine barrier function after bacterial exposure.* Gastroenterology. 2002 Nov;123(5):1607-15.

5 Fasano A. *Pathological and therapeutical implications of macromolecule passage through the tight junction.* In: Tight Junctions. Boca Raton, FL: CRC, 2001, p. 697–722.

6 I Bjarnason, P Williams, P Smethurst et al. *Effect of non-steroidal anti-inflammatory drugs and prostaglandins on the permeability of the human small intestine.* Gut 1986;27:11 1292-1297.

7 WARDILL HR, BOWEN JM, GIBSON RJ. *Chemotherapy-induced gut toxicity: are alterations to intestinal tight junctions pivotal?* Cancer Chemother Pharmacol. 2012 Nov;70(5):627-35.

8 MELICHAR B, HYSPLER R, KALÁBOVÁ H ET AL. *Gastroduodenal, intestinal and colonic permeability during anticancer therapy.* Hepatogastroenterology. 2011 Jul-Aug;58(109):1193-9.

9 KUBECOVÁ M, HORÁK L, KOHOUT P, GRANÁTOVÁ J. *Changes in small intestine permeability after radiotherapy of malignant tumor.* Hepatogastroenterology. 2008 Mar-Apr;55(82-83):463-6.

10 DVORÁK J, MELICHAR B, HYSPLER R, ET AL. *Intestinal permeability, vitamin A absorption, alpha-tocopherol, and neopterin in patients with rectal carcinoma treated with chemoradiation.* Med Oncol. 2010 Sep;27(3):690-6.

11 M G CLEMENTE, S DE VIRGILIIS, J S KANG, R MACATAGNEY, M P MUSU, M R DI PIERRO, S DRAGO, M CONGIA, A FASANO. *Early effects of gliadin on enterocyte intracellular signalling involved in intestinal barrier function.* Gut 2003;52:2 218-223.

12 LAMMERS KM, LU R, BROWNLEY J, ET AL. *Gliadin induces an increase in intestinal permeability and zonulin release by binding to the chemokine receptor CXCR3.* Gastroenterology. 2008 Jul;135(1):194-204.e3.

13 FINAMORE A, MASSIMI M, CONTI DEVIRGILIIS L, MENGHERI E. *Zinc deficiency induces membrane barrier damage and increases neutrophil transmigration in Caco-2 cells.* J Nutr. 2008;138:1664–70.

14 KONG J, ZHANG Z, MUSCH MW ET AL. *Novel role of the vitamin D receptor in maintaining the integrity of the intestinal mucosal barrier.* Am J Physiol Gastrointest Liver Physiol. 2008 Jan;294(1):G208-16.

15 GUTTMAN JA, FINLAY BB. *Tight junctions as targets of infectious agents.* Biochim Biophys Acta. 2009 Apr;1788(4):832-41.

16 VAARALA O ET AL. *Removal of Bovine Insulin From Cow's Milk Formula and Early Initiation of Beta-Cell Autoimmunity in the FINDIA Pilot Study.* Arch Pediatr Adolesc Med. 2012 Mar 5.

17 NEUMANN-HAEFELIN C. *HLA-B27-mediated protection in HIV and hepatitis C virus infection and pathogenesis in spondyloarthritis: two sides of the same coin?* Curr Opin Rheumatol. 2013 Jul;25(4):426-33.

18 BARANZINI SE. *Revealing the genetic basis of multiple sclerosis: are we there yet?* Curr Opin Genet Dev. 2011 Jun;21(3):317-24.

19 http://www.nationalmssociety.org/What-is-MS/Who-Gets-MS

20 GALE CR, MARTYN CN. *Migrant studies in multiple sclerosis.* Prog Neurobiol 1995;47:425– 448.

21 BRAY PF, BLOOMER LC, SALMON VC, ET AL. *Epstein-Barr virus infection and antibody synthesis in patients with multiple sclerosis.* Arch Neurol 1983;40:406–408.

22 FERRANTE P, CASTELLANI P, BARBI M, BERGAMINI F. *The Italian Cooperative Multiple Sclerosis case-control study: preliminary results on viral antibodies.* Ital J Neurol Sci 1987;(suppl 6):45–50.

23 HAIRE M, FRASER KB, MILLAR JHD. *Virus-specific immunoglobulins in multiple sclerosis.* Clin Exp Immunol 1973;14:409–416.

24 POSKANZER DC, SEVER JL, SHERIDAN JL, PRENNEY LB. *Multiple sclerosis in the Orkney and Shetland Islands. IV: Viral antibody titres and viral infections.* J Epidemiol Community Health 1980;34:258 –264.

25 HANDEL AE, WILLIAMSON AJ, DISANTO G ET AL. *An updated meta-analysis of risk of multiple sclerosis following infectious mononucleosis.* PLoS One. 2010 Sep 1;5(9). pii: e12496.

26 HOLLSBERG P, HANSEN HJ, HAAHR S. *Altered CD8 T cell responses to selected Epstein-Barr virus immunodominant epitopes in patients with multiple sclerosis.* Clin Exp Immunol 2003;132:137– 143.

27 HOLMOY T, VARTDAL F. *Cerebrospinal fluid T cells from multiple sclerosis patients recognize autologous Epstein-Barr virustransIntrathecal synthesis d B cells.* J Neurovirol 2004;10:52– 56.

28 RAND KH, HOUCK H, DENSLOW ND, HEILMAN KM. *Epstein- Barr virus nuclear antigen-1 (EBNA-1) associated oligoclonal bands in patients with multiple sclerosis.* J Neurol Sci 2000;173:32–39.

29 SIMPSON S JR, BLIZZARD L, OTAHAL P, VAN DER MEI, TAYLOR B. *Latitude is significantly associated with the prevalence of multiple sclerosis: a meta-analysis.* J Neurol Neurosurg Psychiatry. 2011 Oct;82(10):1132-41.

30 M F HOLICK. *Environmental factors that influence the cutaneous production of vitamin D.* Am J Clin Nutr 1995 61: 3 638S-645S

31 YOUNG AR. *Some light on the photobiology of vitamin D.* J Invest Dermatol. 2010 Feb;130(2):346-8.

32 VERNAY M. et al. *Vitamin D status in the French adult population: the French Nutrition and Health Survey (ENNS, 2006-2007).* Usen, invs, Avril 2012.

33 ALOIA JF, DHALIWAL R, SHIEH A, MIKHAIL M, FAZZARI M, RAGOLIA L, ABRAMS SA. *Vitamin D supplementation increases calcium absorption without a threshold effect.* Am J Clin Nutr. 2014 Mar;99(3):624-31.

34 HARDWICK LL, JONES MR, BRAUTBAR N, LEE DB. *Magnesium absorption: mechanisms and the influence of vitamin D, calcium and phosphate.* J Nutr. 1991 Jan;121(1):13-23.

35 KONG J, ZHANG Z, MUSCH MW ET AL. *Novel role of the vitamin D receptor in maintaining the integrity of the intestinal mucosal barrier.* Am J Physiol Gastrointest Liver Physiol. 2008 Jan;294(1):G208-16.

36 CHIRAYATH MV, GAJDZIK L, HULLA W ET AL. *Vitamin D increases tight-junction conductance and paracellular Ca2+ transport in Caco-2 cell cultures.* Am J Physiol. 1998 Feb;274(2 Pt 1):G389-96.

37 ZHAO H, ZHANG H, WU H ET AL. *Protective role of 1,25(OH)2 vitamin D3 in the mucosal injury and epithelial barrier disruption in DSS-induced acute colitis in mice.* BMC Gastroenterol. 2012 May 30;12:57.

38 PRIETL B, TREIBER G, MADER JK ET AL. *High-dose cholecalciferol supplementation significantly increases peripheral CD4+ Tregs in*

healthy adults without negatively affecting the frequency of other immune cells. Eur J Nutr. 2013 Sep 3.

39 TRAN B, ARMSTRONG BK, EBELING PR ET AL. *Effect of vitamin D supplementation on antibiotic use: a randomized controlled trial.* Am J Clin Nutr. 2014 Jan;99(1):156-61.

40 MUNGER KL, LEVIN LI, HOLLIS BW, HOWARD NS, ASCHERIO A. *Serum 25-hydroxyvitamin D levels and risk of multiple sclerosis.* JAMA. 2006 Dec 20;296(23):2832-8.

41 MAZDEH M, SEIFIRAD S, KAZEMI N ET AL. *Comparison of vitamin D3 serum levels in new diagnosed patients with multiple sclerosis versus their healthy relatives.* Acta Med Iran. 2013 May 30;51(5):289-92.

42 MARTINELLI V, DALLA COSTA G, COLOMBO B ET AL. *Vitamin D levels and risk of multiple sclerosis in patients with clinically isolated syndromes.* Mult Scler. 2014 Feb;20(2):147-55.

43 BRUM DG, COMINI-FROTA ER, VASCONCELOS CC, DIAS-TOSTA E. *Supplementation and therapeutic use of vitamin D in patients with multiple sclerosis: Consensus of the Scientific Department of Neuroimmunology of the Brazilian Academy of Neurology.* Arquivos de Neuro-Psiquiatria. 2014;72(2), 152-156.

44 DERAKHSHANDI H, ETEMADIFAR M, FEIZI A ET AL. *Preventive effect of vitamin D3 supplementation on conversion of optic neuritis to clinically definite multiple sclerosis: a double blind, randomized, placebo-controlled pilot clinical trial.* Acta Neurol Belg. 2013 Sep;113(3):257-63.

45 VILLARD-MACKINTOSH L, VESSEY MP. *Oral contraceptives and reproductive factors in multiple sclerosis incidence.* Contraception 1993;47:161–168.

46 THOROGOOD M, HANNAFORD PC. *The influence of oral contraceptives on the risk of mulitple sclerosis.* Br J Obstet Gynaecol 1998;105:1296–1299.

47 HERNA`N MA, OLEK MJ, ASCHERIO A. *Cigarette smoking and incidence of multiple sclerosis.* Am J Epidemiol 2001;154:69–74.

48 HERNAN MA, JICK SS, LOGROSCINO G, ET AL. *Cigarette smoking and the progression of multiple sclerosis.* Brain 2005;128:1461–1465.

49 HEALY BC, ALI EN, GUTTMANN CR ET AL. *Smoking and disease progression in multiple sclerosis.* Arch Neurol. 2009 Jul;66(7):858-64.

50 PITTAS F, PONSONBY AL, VAN DER MEI IA ET AL. *Smoking is associated with progressive disease course and increased progression in clinical disability in a prospective cohort of people with multiple sclerosis.* J Neurol. 2009 Apr;256(4):577-85.

51 WHITACRE CC, REINGOLD SC, O'LOONY PA. *A gender gap in autoimmunity.* Science 1999; 283:1277–1278.

52 CONFAVREUX C, HUTCHINSON M, HOURS MM, ET AL. *Rate of pregnancy-related relapse in multiple sclerosis. Pregnancy in multiple sclerosis group.* N Engl J Med 1998;339:285–291.

53 KARP I, MANGANAS A, SYLVESTRE MP ET AL. *Does pregnancy alter the long-term course of multiple sclerosis? Ann Epidemiol.* 2014 Jul;24(7):504-8.e2.

54 Zipp F, Weil JG, Einhaupl KM. *No increase in demyelinating diseases after hepatitis B vaccination.* Nat Med 1999;5:964–965.

55 Ascherio A, Zhang SM, Hernan MA, et al. *Hepatitis B vaccination and the risk of multiple sclerosis.* N Engl J Med 2001;344:327–332.

56 DeStefano F, Verstraeten T, Jackson LA, et al. *Vaccinations and risk of central nervous system demyelinating diseases in adults.* Arch Neurol 2003;60:504 –509.

57 Sadovnick AD, Scheifele DW. *School-based hepatitis B vaccination programme and adolescent multiple sclerosis.* Lancet 2000;355:549 –550.

58 Confavreux C, Suissa S, Saddier P, et al. *Vaccinations and the risk of relapse in multiple sclerosis. Vaccines in Multiple Sclerosis Study Group.* N Engl J Med 2001;344:319 –326.

59 Touze E, Fourrier A, Rue-Fenouche C, et al. *Hepatitis B vaccination and first central nervous system demyelinating event:a case-control study.* Neuroepidemiology 2002;21:180 –186.

60 Hernan MA, Jick SS, Olek MJ, Jick H. *Recombinant hepatitis B vaccine and the risk of multiple sclerosis: a prospective study.* Neurology 2004;63:838–842.

61 McDonald WI, Compston A, Edan G et al. *Recommended diagnostic criteria for multiple sclerosis: guidelines from the International Panel on the diagnosis of multiple sclerosis.* Ann Neurol. 2001 Jul;50(1):121-7.

62 Polman CH, Reingold SC, Banwell B et al. *Diagnostic criteria for multiple sclerosis: 2010 revisions to the McDonald criteria.* Ann Neurol. 2011 Feb;69(2):292-302.

63 M Perry, S Swain, S Kemmis-Betty, P Cooper. *Multiple sclerosis: summary of NICE guidance.* BMJ 2014;349:g5701.

64 Mackay RP, Hirano A. *Forms of Benign Multiple Sclerosis: Report of Two «Clinically Silent» Cases Discovered at Autopsy.* Arch Neurol. 1967;17(6):588-600.

65 Engell, T. *A clinical patho-anatomical study of clinically silent multiple sclerosis.* Acta Neurologica Scandinavica. 1989;79: 428–430.

66 Malhotra AS, Goren H. *The hot bath test in the diagnosis of multiple sclerosis.* JAMA 1981;246:1113-1114.

67 Smith K, McDonald I, Miller D, Lassmann H. *The pathophysiology of multiple sclerosis.* In: Compston A, Confavreux C, Lassmann H, et al. (Eds). McAlpine's Multiple Sclerosis. 4th edition. Philadelphia: Elsevier; 2006:601-659.

68 Optic Neuritis Study Group. *Multiple sclerosis risk after optic neuritis: final optic neuritis treatment trial follow-up.* Arch Neurol. 2008 Jun;65(6):727-32.

69 Halilovic EA, Alimanovic I, Suljic E, Hassan NA. *Optic neuritis as first clinical manifestations the multiple sclerosis.* Mater Sociomed. 2014 Aug;26(4):246-8.

70 PIHL-JENSEN G, FREDERIKSEN JL. *25-Hydroxyvitamin D levels in acute monosymptomatic optic neuritis: relation to clinical severity, paraclinical findings and risk of multiple sclerosis.* J Neurol. 2015 May 1.

71 DERAKHSHANDI H, ETEMADIFAR M, FEIZI A ET AL. *Preventive effect of vitamin D3 supplementation on conversion of optic neuritis to clinically definite multiple sclerosis: a double blind, randomized, placebo-controlled pilot clinical trial.* Acta Neurol Belg. 2013 Sep;113(3):257-63.

72 BRUM DG, COMINI-FROTA ER, VASCONCELOS CC, & DIAS-TOSTA E. *Supplementation and therapeutic use of vitamin D in patients with multiple sclerosis: Consensus of the Scientific Department of Neuroimmunology of the Brazilian Academy of Neurology.* Arquivos de Neuro-Psiquiatria. 2014;72(2), 152-156.

73 SERAFINI B, ROSICARELLI B, FRANCIOTTA D ET AL. *Dysregulated Epstein-Barr virus infection in the multiple sclerosis brain.* J Exp Med. 2007 Nov 26;204(12):2899-912.

74 WU GF, ALVAREZ E. *The immunopathophysiology of multiple sclerosis.* Neurol Clin. 2011 May;29(2):257-78.

75 WEKERLE H, HOHLFELD R. *Molecular mimicry in multiple sclerosis.* N Engl J Med. 2003 Jul 10;349(2):185-6.

76 SCHNEIDER R. *Autoantibodies to Potassium Channel KIR4.1 in Multiple Sclerosis.* Front Neurol. 2013 Sep 2;4:125.

77 LIBBEY JE, FUJINAMI RS. *Experimental autoimmune encephalomyelitis as a testing paradigm for adjuvants and vaccines.* Vaccine. 2011 Apr 12;29(17):3356-62.

78 CONSTANTINESCU CS, FAROOQI N, O'BRIEN K, GRAN B. *Experimental autoimmune encephalomyelitis (EAE) as a model for multiple sclerosis (MS).* Br J Pharmacol. 2011 Oct;164(4):1079-106.

79 MORINI M, ROCCATAGLIATA L, DELL'EVA R ET AL. *Alpha-lipoic acid is effective in prevention and treatment of experimental autoimmune encephalomyelitis.* J Neuroimmunol. 2004 Mar;148(1-2):146-53.

80 YADAV V, MARRACCI G, LOVERA J ET AL. *Lipoic acid in multiple sclerosis: a pilot study.* Mult Scler. 2005 Apr;11(2):159-65.

81 DHIB-JALBUT S, MARKS S. *Interferon-beta mechanisms of action in multiple sclerosis.* Neurology. 2010 Jan 5;74 Suppl 1:S17-24.

82 LI DK, ZHAO GJ, PATY DW; UNIVERSITY OF BRITISH COLUMBIA MS/MRI ANALYSIS RESEARCH GROUP. *The SPECTRIMS Study Group. Randomized controlled trial of interferon-beta-1a in secondary progressive MS: MRI results.* Neurology. 2001 Jun 12;56(11):1505-13.

83 LA MANTIA L, DI PIETRANTONJ C, ROVARIS M ET AL. *Interferons-beta versus glatiramer acetate for relapsing-remitting multiple sclerosis.* Cochrane Database Syst Rev. 2014 Jul 26;7:CD009333.

84 SELA M, TEITELBAUM D. *Glatiramer acetate in the treatment of multiple sclerosis.* Expert Opin Pharmacother. 2001 Jul;2(7):1149-65.

85 CHUN J, HARTUNG HP. *Mechanism of action of oral fingolimod (FTY720) in multiple sclerosis.* Clin Neuropharmacol. 2010 Mar-Apr;33(2):91-101.

86 KOPADZE T, DEHMEL T, HARTUNG HP, STÜVE O, KIESEIER BC. *Inhibition by mitoxantrone of in vitro migration of immunocompetent cells:*

a possible mechanism for therapeutic efficacy in the treatment of multiple sclerosis. Arch Neurol. 2006 Nov;63(11):1572-8.

87 Fox EJ. Management of worsening multiple sclerosis with mitoxantrone: a review. Clin Ther. 2006 Apr;28(4):461-74.

88 Berger JR, Koralnik IJ. Progressive multifocal leukoencephalopathy and natalizumab--unforeseen consequences. N Engl J Med. 2005;353(4):414–416.

89 Langer-Gould A, Atlas SW, Green AJ, et al. Progressive multifocal leukoencephalopathy in a patient treated with natalizumab. N Engl J Med. 2005;353(4):375–381.

90 Kleinschmidt-DeMasters BK, Tyler KL. Progressive multifocal leukoencephalopathy complicating treatment with natalizumab and interferon beta-1a for multiple sclerosis. N Engl J Med. 2005;353(4):369–374.

91 RA Marrie, N Reider, J Cohen et al. A systematic review of the incidence and prevalence of autoimmune disease in multiple sclerosis. Mult Scler March 2015 21: 282-293.

92 RA Marrie, N Reider, O Stuve et al. The incidence and prevalence of comorbid gastrointestinal, musculoskeletal, ocular, pulmonary, and renal disorders in multiple sclerosis: A systematic review. Mult Scler March 2015 21: 332-341

93 Nielsen NM, Jørgensen KT, Pedersen BV, Rostgaard K, Frisch M. The co-occurrence of endometriosis with multiple sclerosis, systemic lupus erythematosus and Sjogren syndrome. Hum Reprod. 2011 Jun;26(6):1555-9.

94 MORMILE R, VITTORI G. *Endometriosis and susceptibility to multiple sclerosis: is there any absolute truth? Eur J Obstet Gynecol Reprod Biol.* 2014 Aug;179:253.

95 RA MARRIE, S REINGOLD, J COHEN ET AL. *The incidence and prevalence of psychiatric disorders in multiple sclerosis: A systematic review.* Mult Scler March 2015 21: 305-317.

96 MW KOCH, S PATTEN, S BERZINS ET AL. *Depression in multiple sclerosis: A long-term longitudinal study.* Mult Scler January 2015 21: 76-82.

97 MP PENDER, PA CSURHES, C SMITH ET AL. *Epstein–Barr virus-specific adoptive immunotherapy for progressive multiple sclerosis.* Mult Scler October 2014 20: 1541-1544.

98 CHALKLEY J, BERGER JR. *Multiple sclerosis remission following antiretroviral therapy in an HIV-infected man.* J Neurovirol. 2014 Dec;20(6):640-3.

99 GOLD J, GOLDACRE R, MARUSZAK H, ET AL. *HIV and lower risk of multiple sclerosis: beginning to unravel a mystery using a record-linked database study.* J Neurol Neurosurg Psychiatry. 2015 Jan;86(1):9-12.

100 LIUZZI GM, TROJANO M, FANELLI M ET AL. *Intrathecal synthesis of matrix metalloproteinase-9 in patients with multiple sclerosis: implication for pathogenesis.* Mult Scler. 2002 May;8(3):222-8.

101 A TRENTINI, MC MANFRINATO, M CASTELLAZZI ET AL. *TIMP-1 resistant matrix metalloproteinase-9 is the predominant serum active isoform associated with MRI activity in patients with multiple sclerosis.* Mult Scler 1352458514560925.

102 He J, Hsuchou H, He Y et al. *Sleep restriction impairs blood-brain barrier function.* J Neurosci. 2014 Oct 29;34(44):14697-706.

103 Chuang LP, Chen NH, Lin SW et al. *Increased matrix metalloproteinases-9 after sleep in plasma and in monocytes of obstructive sleep apnea patients.* Life Sci. 2013 Aug 14;93(5-6):220-5.

104 Anderson G, Rodriguez M. *Multiple sclerosis: the role of melatonin and N-acetylserotonin.* Mult Scler Relat Disord. 2015 Mar;4(2):112-23.

105 Liu YJ, Zhuang J, Zhu HY et al. *Cultured rat cortical astrocytes synthesize melatonin: absence of a diurnal rhythm.* J Pineal Res. 2007 Oct;43(3):232-8.

106 Damasceno A, Moraes AS, Farias A et al. *Disruption of melatonin circadian rhythm production is related to multiple sclerosis severity: A preliminary study.* J Neurol Sci. 2015 Jun 15;353(1-2):166-8.

107 Gholipour T, Ghazizadeh T, Babapour S et al. *Decreased urinary level of melatonin as a marker of disease severity in patients with multiple sclerosis.* Iran J Allergy Asthma Immunol. 2015 Feb;14(1):91-7.

108 Hung YC, Chen TY, Lee EJ et al. *Melatonin decreases matrix metalloproteinase-9 activation and expression and attenuates reperfusion-induced hemorrhage following transient focal cerebral ischemia in rats.* J Pineal Res. 2008 Nov;45(4):459-67.

109 Jang JW, Lee JK, Lee MC et al. *Melatonin reduced the elevated matrix metalloproteinase-9 level in a rat photothrombotic stroke model.* J Neurol Sci. 2012 Dec 15;323(1-2):221-7.

110 ADAMCZYK-SOWA M, PIERZCHALA K, SOWA P ET AL. *Influence of melatonin supplementation on serum antioxidative properties and impact of the quality of life in multiple sclerosis patients.* J Physiol Pharmacol. 2014 Aug;65(4):543-50. Adamczyk-Sowa M, Pierzchala K, Sowa P, Mucha S, Sadowska-Bartosz I, Adamczyk J, Hartel M. Melatonin acts as antioxidant and improves sleep in MS patients. Neurochem Res. 2014 Aug;39(8):1585-93.

111 MILLER E, WALCZAK A, MAJSTEREK I, KEDZIORA J. *Melatonin reduces oxidative stress in the erythrocytes of multiple sclerosis patients with secondary progressive clinical course.* J Neuroimmunol. 2013 Apr 15;257(1-2):97-101.

112 MF FAREZ, ID MASCANFRONI, SP MENDEZ-HUERGO, A YESTE ET AL. *Melatonin Contributes to the Seasonality of Multiple Sclerosis Relapses.* Cell, 2015; 162 (6): 1338.

113 LÓPEZ-GONZÁLEZ A, ÁLVAREZ-SÁNCHEZ N, LARDONE PJ ET AL. *Melatonin treatment improves primary progressive multiple sclerosis: a case report.* J Pineal Res. 2015 Mar;58(2):173-7.

114 https://www.nhlbi.nih.gov/health/health-topics/topics/sdd/howmuch

115 GÓMEZ-GONZÁLEZ B, HURTADO-ALVARADO G, ESQUEDA-LEÓN E ET AL. *REM sleep loss and recovery regulates blood-brain barrier function.* Curr Neurovasc Res. 2013 Aug;10(3):197-207.

116 KUNZ D, MAHLBERG R, MÜLLER C, TILMANN A, BES F. *Melatonin in patients with reduced REM sleep duration: two randomized controlled trials.* J Clin Endocrinol Metab. 2004 Jan;89(1):128-34.

117 Li J, Johansen C, Brønnum-Hansen H et al. *The risk of multiple sclerosis in bereaved parents: A nationwide cohort study in Denmark.* Neurology. 2004 Mar 9;62(5):726-9.

118 Artemiadis AK, Anagnostouli MC, Alexopoulos EC. *Stress as a risk factor for multiple sclerosis onset or relapse: a systematic review.* Neuroepidemiology. 2011;36(2):109-20.

119 A Szymanowski, M Kristenson and L Jonasson. *Elevated levels of circulating matrix metalloproteinase-9 are associated with a dysregulated cortisol rhythm-A case-control study of coronary artery disease.* Linköping University Post Print.

120 Spelman T, Gray O, Trojano M et al. *Seasonal variation of relapse rate in multiple sclerosis is latitude dependent.* Ann Neurol. 2014 Dec;76(6):880-90.

121 D'hooghe MB, Haentjens P, Nagels G et al. *Sunlight exposure and sun sensitivity associated with disability progression in multiple sclerosis.* Mult Scler. 2012 Apr;18(4):451-9.

122 Pozuelo-Moyano B, Benito-León J, Mitchell AJ, Hernández-Gallego J. *A systematic review of randomized, double-blind, placebo-controlled trials examining the clinical efficacy of vitamin D in multiple sclerosis.* Neuroepidemiology. 2013;40(3):147-53.

123 James E, Dobson R, Kuhle J et al. *The effect of vitamin D-related interventions on multiple sclerosis relapses: a meta-analysis.* Mult Scler. 2013 Oct;19(12):1571-9.

124 SM KIMBALL, MR URSELL, P O'CONNOR, AND REINHOLD VIETH. *Safety of vitamin D3 in adults with multiple sclerosis.* Am J Clin Nutr September 2007 86: 3 645-651.

125 BHARGAVA P, STEELE SU, WAUBANT E ET AL. *Multiple sclerosis patients have a diminished serologic response to vitamin D supplementation compared to healthy controls.* Mult Scler. 2015 Aug 18.

126 RINALDI AO, SANSEVERINO I, PURIFICATO C ET AL. *Increased circulating levels of vitamin D binding protein in MS patients.* Toxins (Basel). 2015 Jan 13;7(1):129-37.

127 NAJAFIPOOR A, ROGHANIAN R, ZARKESH-ESFAHANI SH, BOUZARI M, ETEMADIFAR M. *The beneficial effects of vitamin D3 on reducing antibody titers against Epstein-Barr virus in multiple sclerosis patients.* Cell Immunol. 2015 Mar;294(1):9-12.

128 VIETH R. *Vitamin D supplementation, 25-hydroxyvitamin D concentrations, and safety.* Am J Clin Nutr. 1999 May;69(5):842-56.

129 GOLAN D, STAUN-RAM E, GLASS-MARMOR L ET AL. *The influence of vitamin D supplementation on melatonin status in patients with multiple sclerosis.* Brain Behav Immun. 2013 Aug;32:180-5.

130 FAREZ MF, MASCANFRONI ID, MÉNDEZ-HUERGO SP ET AL. *Melatonin Contributes to the Seasonality of Multiple Sclerosis Relapses.* Cell. 2015 Sep 10;162(6):1338-52.

131 PRYOR WM, FREEMAN KG, LARSON RD, EDWARDS GL, WHITE LJ. *Chronic exercise confers neuroprotection in experimental autoimmune encephalomyelitis.* J Neurosci Res. 2015 May;93(5):697-706.

132 Bernardes D, Oliveira-Lima OC, Silva TV et al. *Differential brain and spinal cord cytokine and BDNF levels in experimental autoimmune encephalomyelitis are modulated by prior and regular exercise.* J Neuroimmunol. 2013 Nov 15;264(1-2):24-34.

133 Klaren RE, Motl RW, Woods JA, Miller SD. *Effects of exercise in experimental autoimmune encephalomyelitis (an animal model of multiple sclerosis).* J Neuroimmunol. 2014 Sep 15;274(1-2):14-9.

134 Grover SA, Aubert-Broche B, Fetco D et al. *Lower physical activity is associated with higher disease burden in pediatric multiple sclerosis.* Neurology. 2015 Aug 12.

135 Wingerchuk DM. *Smoking: effects on multiple sclerosis susceptibility and disease progression.* Ther Adv Neurol Disord. 2012 Jan;5(1):13-22.

136 Naik P, Fofaria N, Prasad S et al. *Oxidative and pro-inflammatory impact of regular and denicotinized cigarettes on blood brain barrier endothelial cells: is smoking reduced or nicotine-free products really safe? BMC Neurosci.* 2014 Apr 23;15:51.

137 AK Hedström, J Hillert, T Olsson, and L Alfredsson. *Nicotine might have a protective effect in the etiology of multiple sclerosis.* Mult Scler July 2013 19: 1009-1013.

138 Naddafi F, Reza Haidari M, Azizi G, Sedaghat R, Mirshafiey A. *Novel therapeutic approach by nicotine in experimental model of multiple sclerosis.* Innov Clin Neurosci. 2013 Apr;10(4):20-5.

139 Gao Z, Nissen JC, Ji K, Tsirka SE. *The experimental autoimmune encephalomyelitis disease course is modulated by*

nicotine and other cigarette smoke components. PLoS One. 2014
Sep 24;9(9):e107979.

140 McRobbie H, Bullen C, Hartmann-Boyce J, Hajek P. *Electronic
cigarettes for smoking cessation and reduction.* Cochrane Database
Syst Rev. 2014;12:CD010216.

141 Farsalinos KE, Polosa R. *Safety evaluation and risk assessment
of electronic cigarettes as tobacco cigarette substitutes: a systematic
review.* Ther Adv Drug Saf. 2014 Apr;5(2):67-86.

142 Fowles JR, Banton MI, Pottenger LH. *A toxicological review of the
propylene glycols.* Crit Rev Toxicol. 2013 Apr;43(4):363-90.

143 Oh AY, Kacker A. *Do electronic cigarettes impart a lower potential
disease burden than conventional tobacco cigarettes? Review
on E-cigarette vapor versus tobacco smoke.* Laryngoscope. 2014
Dec;124(12):2702-6.

144 Iskedjian M et al. *Meta-analysis of cannabis based treatments
for neuropathic and multiple sclerosis-related pain.* Curr Med Res
Opin. 2007 Jan;23(1):17-24.

145 Corey-Bloom J et al. *Smoked cannabis for spasticity in
multiple sclerosis: a randomized, placebo-controlled trial.* CMAJ.
2012 Jul 10;184(10):1143-50.

146 Gras A, Broughton J. *A cost-effectiveness model for the
use of a cannabis-derived oromucosal spray for the treatment
of spasticity in multiple sclerosis.* Expert Rev Pharmacoecon
Outcomes Res. 2016 Feb 26:1-9.

147 Giacoppo S et al. *Purified Cannabidiol, the main non-psychotropic component of Cannabis sativa, alone, counteracts neuronal apoptosis in experimental multiple sclerosis.* Eur Rev Med Pharmacol Sci. 2015 Dec;19(24):4906-19.

148 Pryce G et al. *Neuroprotection in Experimental Autoimmune Encephalomyelitis and Progressive Multiple Sclerosis by Cannabis-Based Cannabinoids.* J Neuroimmune Pharmacol. 2015 Jun;10(2):281-92.

149 MF Farez, MP Fiol, MI Gaitán et al. *Sodium intake is associated with increased disease activity in multiple sclerosis.* J Neurol Neurosurg Psychiatry jnnp-2014-307928.

150 Kleinewietfeld M, Manzel A, Titze J et al. *Sodium chloride drives autoimmune disease by the induction of pathogenic TH17 cells.* Nature. 2013 Apr 25;496(7446):518-22.

151 DN. Krementsov, LK. Case, WF. Hickey, and C Teuscher. *Exacerbation of autoimmune neuroinflammation by dietary sodium is genetically controlled and sex specific.* FASEB J August 2015 29:3446-3457.

152 https://www.anses.fr/fr/content/le-sel

153 Busch J et al. *Salt reduction and the consumer perspective.* New Food 2010 2/10:36-39.

154 Zhu T, Ye X, Zhang T, Lin Z, Shi W, Wei X, Liu Y, He J. *Association between alcohol consumption and multiple sclerosis: a meta-analysis of observational studies.* Neurol Sci. 2015 Sep;36(9):1543-50.

155 EKMAN AC, VAKKURI O, EKMAN M, LEPPÄLUOTO J, RUOKONEN A, KNIP M. *Ethanol decreases nocturnal plasma levels of thyrotropin and growth hormone but not those of thyroid hormones or prolactin in man.* J Clin Endocrinol Metab. 1996 Jul;81(7):2627-32.

156 LINDEBERG S. *Paleolithic diets as a model for prevention and treatment of Western disease.* Am J Hum Biol. 2012 Mar-Apr;24(2):110-5.

157 DOHGU S, RYERSE JS, ROBINSON SM, BANKS WA. *Human immunodeficiency virus-1 uses the mannose-6-phosphate receptor to cross the blood-brain barrier.* PLoS One. 2012;7(6):e39565.

158 BROADWELL RD, BALIN BJ, SALCMAN M. *Transcytotic pathway for blood-borne protein through the blood-brain barrier.* Proc Natl Acad Sci U S A. 1988 Jan;85(2):632-6.

159 DOLAPCHIEVA S. *Distribution of concanavalin A and wheat germ agglutinin binding sites in the rat peripheral nerve fibres revealed by lectin/glycoprotein-gold histochemistry.* Histochem J. 1996 Jan;28(1):7-12.

160 BOLLAND MJ, LEUNG W, TAI V, BASTIN S, GAMBLE GD, GREY A, REID IR. *Calcium intake and risk of fracture: systematic review.* BMJ. 2015 Sep 29;351:h4580.

161 STEFFERL A, SCHUBART A, STORCH2 M, AMINI A, MATHER I, LASSMANN H, LININGTON C. *Butyrophilin, a milk protein, modulates the encephalitogenic T cell response to myelin oligodendrocyte glycoprotein in experimental autoimmune encephalomyelitis.* J Immunol. 2000 Sep 1;165(5):2859-65.

162 Guggenmos J, Schubart AS, Ogg S, Andersson M, Olsson T, Mather IH, Linington C. *Antibody cross-reactivity between myelin oligodendrocyte glycoprotein and the milk protein butyrophilin in multiple sclerosis.* J Immunol. 2004 Jan 1;172(1):661-8.

163 Vojdani A, Kharrazian D, Mukherjee PS. *The prevalence of antibodies against wheat and milk proteins in blood donors and their contribution to neuroimmune reactivities.* Nutrients. 2013 Dec 19;6(1):15-36.

164 D'Hooghe, M. B., Haentjens, P., Nagels, G. and De Keyser, J. (2012), *Alcohol, coffee, fish, smoking and disease progression in multiple sclerosis.* European Journal of Neurology, 19: 616–624.

165 Chen X, Ghribi O, Geiger JD. *Caffeine protects against disruptions of the blood-brain barrier in animal models of Alzheimer's and Parkinson's diseases.* J Alzheimers Dis. 2010;20 Suppl 1:S127-41.

166 Liu WH, Chang LS. *Caffeine induces matrix metalloproteinase-2 (MMP-2) and MMP-9 down-regulation in human leukemia U937 cells via Ca2+/ROS-mediated suppression of ERK/c-fos pathway and activation of p38 MAPK/c-jun pathway.* J Cell Physiol. 2010 Sep;224(3):775-85.

167 Venesson Julien. *Paléo Nutrition.* Thierry Souccar Editions, 2014.

168 Giubilei F, Antonini G, Di Legge S, Sormani MP, Pantano P, Antonini R, Sepe-Monti M, Caramia F, Pozzilli C. *Blood cholesterol and MRI activity in first clinical episode suggestive of multiple sclerosis.* Acta Neurol Scand. 2002 Aug;106(2):109-12.

169 BAKER RW, SANDERS H, THOMPSON RH, ZILKHA KJ. *Serum cholesterol linoleate levels in multiple sclerosis.* J Neurol Neurosurg Psychiatry. 1965 Jun;28:212-7.

170 BIRNBAUM G, CREE B, ALTAFULLAH I, ZINSER M, REDER AT. *Combining beta interferon and atorvastatin may increase disease activity in multiple sclerosis.* Neurology. 2008 Oct 28;71(18):1390-5.

171 MASCITELLI L, GOLDSTEIN MR. *Is intensive cholesterol lowering detrimental in multiple sclerosis?* Neuroepidemiology. 2011;37(3-4):259.

172 GHAZAVI A, KIANBAKHT S, GHASAMI K, MOSAYEBI G. *High copper and low zinc serum levels in Iranian patients with multiple sclerosis: a case control study.* Clin Lab. 2012;58(1-2):161-4.

173 HO SY, CATALANOTTO FA, LISAK RP, DORE-DUFFY P. *Zinc in multiple sclerosis.* II: Correlation with disease activity and elevated plasma membrane-bound zinc in erythrocytes from patients with multiple sclerosis. Ann Neurol. 1986 Dec;20(6):712-5.

174 SOCHA K, KOCHANOWICZ J, KARPINSKA E, SOROCZYNSKA J, JAKONIUK M, MARIAK Z, BORAWSKA MH. *Dietary habits and selenium, glutathione peroxidase and total antioxidant status in the serum of patients with relapsing-remitting multiple sclerosis.* Nutr J. 2014 Jun 18;13:62.

175 GILGUN-SHERKI Y, MELAMED E, OFFEN D. *The role of oxidative stress in the pathogenesis of multiple sclerosis: the need for effective antioxidant therapy.* J Neurol. 2004 Mar;251(3):261-8.

176 ODINAK MM, BISAGA GN, ZARUBINA IV. *[New approaches to antioxidant therapy in multiple sclerosis].* Zh Nevrol Psikhiatr Im S S Korsakova. 2002;Suppl:72-5.

177 STERNBERG Z, CHADHA K, LIEBERMAN A, HOJNACKI D, DRAKE A, ZAMBONI P, ROCCO P, GRAZIOLI E, WEINSTOCK-GUTTMAN B, MUNSCHAUER F. *Quercetin and interferon-beta modulate immune response(s) in peripheral blood mononuclear cells isolated from multiple sclerosis patients.* J Neuroimmunol. 2008 Dec 15;205(1-2):142-7.

178 RICCIO P, ROSSANO R, LIUZZI GM. *May diet and dietary supplements improve the wellness of multiple sclerosis patients? A molecular approach.* Autoimmune Dis. 2011 Feb 24;2010:249842.

179 INNIS SM. *Essential fatty acid metabolism during early development.* In: Biology of Metabolism in Growing Animals. Burrin DG ed. Pub. Elsevier Science, B.V. Amsterdam, 2005. Part III, pp. 235–74.

180 INNIS SM. *Dietary omega 3 fatty acids and the developing brain.* Brain Res. 2008 Oct 27;1237:35-43.

181 HOARE S, LITHANDER F, VAN DER MEI I, PONSONBY AL, LUCAS R; AUSIMMUNE INVESTIGATOR GROUP. *Higher intake of omega-3 polyunsaturated fatty acids is associated with a decreased risk of a first clinical diagnosis of central nervous system demyelination: Results from the Ausimmune Study.* Mult Scler. 2015 Sep 11.

182 JELINEK GA, HADGKISS EJ, WEILAND TJ, PEREIRA NG, MARCK CH, VAN DER MEER DM. *Association of fish consumption and Ω 3 supplementation with quality of life, disability and disease activity*

in an international cohort of people with multiple sclerosis. Int J
Neurosci. 2013 Nov;123(11):792-800.

183 TORKILDSEN O, WERGELAND S, BAKKE S ET AL. *ω-3 fatty acid
treatment in multiple sclerosis (OFAMS Study): a randomized, double-
blind, placebo-controlled trial.* Arch Neurol. 2012 Aug;69(8):1044-51.

184 PANTZARIS MC, LOUKAIDES GN, NTZANI EE, PATRIKIOS IS. *A novel
oral nutraceutical formula of omega-3 and omega-6 fatty acids
with vitamins (PLP10) in relapsing remitting multiple sclerosis: a
randomised, double-blind, placebo-controlled proof-of-concept
clinical trial.* BMJ Open. 2013 Apr 17;3(4). pii: e002170.

185 SHINTO L, MARRACCI G, BALDAUF-WAGNER S, STREHLOW A, YADAV V, STUBER
L, BOURDETTE D. *Omega-3 fatty acid supplementation decreases matrix
metalloproteinase-9 production in relapsing-remitting multiple sclerosis.*
Prostaglandins Leukot Essent Fatty Acids. 2009 Feb-Mar;80(2-3):131-6.

186 SHINTO L, MARRACCI G, BUMGARNER L, YADAV V. *The effects of omega-
3 Fatty acids on matrix metalloproteinase-9 production and cell
migration in human immune cells: implications for multiple sclerosis.*
Autoimmune Dis. 2011;2011:134592.

187 RAMIREZ-RAMIREZ V, MACIAS-ISLAS MA, ORTIZ GG ET AL. *Efficacy
of fish oil on serum of TNF α , IL-1 β , and IL-6 oxidative stress
markers in multiple sclerosis treated with interferon beta-1b.* Oxid
Med Cell Longev. 2013;2013:709493.

188 CARLO LEIFERT ET AL. *Composition differences between organic and
conventional meat; a systematic literature review and meta-analysis.*
British Journal of Nutrition, February 2016.

189 Horvath R, Gorman G, Chinnery PF. *How can we treat mitochondrial encephalomyopathies? Approaches to therapy.* Neurotherapeutics. 2008;5:558-568.

190 de Bustos F, Jiménez-Jiménez FJ, Molina JA et al. *Serum levels of coenzyme Q10 in patients with multiple sclerosis.* Acta Neurol Scand. 2000 Mar;101(3):209-11.

191 Sanoobar M, Dehghan P, Khalili M, Azimi A, Seifar F. *Coenzyme Q10 as a treatment for fatigue and depression in multiple sclerosis patients: A double blind randomized clinical trial.* Nutr Neurosci. 2015 Jan 20.

192 Shults CW, Oakes D, Kieburtz K, et al. *Effects of coenzyme Q10 in early Parkinson disease: evidence of slowing of the functional decline.* Arch Neurol. 2002;59(10):1541-1550.

193 Huntington Study Group.*A randomized, placebo-controlled trial of coenzyme Q10 and remacemide in Huntington's disease.* Neurology. 2001 Aug 14;57(3):397-404.

194 Hathcock JN, Shao A. *Risk assessment for coenzyme Q10 (Ubiquinone).* Regul Toxicol Pharmacol. 2006 Aug;45(3):282-8.

195 Sedel F, Papeix C, Bellanger A et al. *High doses of biotin in chronic progressive multiple sclerosis: a pilot study.* Mult Scler Relat Disord. 2015 Mar;4(2):159-69.

196 Chang A, Tourtellotte WW, Rudick R, Trapp BD. *Premyelinating oligodendrocytes in chronic lesions of multiple sclerosis.* N Engl J Med. 2002 Jan 17;346(3):165-73.

197 GOLDSCHMIDT T, ANTEL J, KÖNIG FB, BRÜCK W, KUHLMANN T. *Remyelination capacity of the MS brain decreases with disease chronicity.* Neurology 2009;72:1914-1921.

198 NIKIC I, MERKLER D, SORBARA C ET AL. *A reversible form of axon damage in experimental autoimmune encephalomyelitis and multiple sclerosis.* Nat Med. 2011 Apr;17(4):495-9.

199 PANTANO P, MAINERO C, CARAMIA F. *Functional brain reorganization in multiple sclerosis: evidence from fMRI studies.* J Neuroimaging 2006;16:104-114.

200 DI FILIPPO M, DE IURE A, DURANTE V, GAETANI L, MANCINI A, SARCHIELLI P, CALABRESI P. *Synaptic plasticity and experimental autoimmune encephalomyelitis: implications for multiple sclerosis.* Brain Res. 2015 Sep 24;1621:205-13.

201 WEGNER C, FILIPPI M, KORTEWEG T, ET AL. *Relating functional changes during hand movement to clinical parameters in patients with multiple sclerosis in a multi-centre fMRI study.* Eur J Neurol 2008;15:113-122.

202 WANG J, HIER DB. *Motor reorganization in multiple sclerosis.* Neurol Res 2007;29:3-8.

203 WERRING DJ, BULLMORE ET, TOOSY AT, ET AL. *Recovery from optic neuritis is associated with a change in the distribution of cerebral response to visual stimulation: a functional magnetic resonance imaging study.* J Neurol Neurosurg Psychiatry 2000;68:441-449.

204 HULST HE, SCHOONHEIM MM, ROOSENDAAL SD, ET AL.

Functional adaptive changes within the hippocampal memory system of patients with multiple sclerosis. Hum Brain Mapp 2011.

205 STAFFEN W, MAIR A, ZAUNER H, ET AL. *Cognitive function and fMRI in patients with multiple sclerosis: evidence for compensatory cortical activation during an attention task.* Brain 2002;125:1275-1282.

206 COLORADO RA, SHUKLA K, ZHOU Y, WOLINSKY JS, NARAYANA PA. *Multi-task functional MRI in multiple sclerosis patients without clinical disability.* Neuroimage 2012;59:573-581.

207 TOMASSINI V, JOHANSEN-BERG H, JBABDI S, ET AL. *Relating brain damage to brain plasticity in patients with multiple sclerosis.* Neurorehabil Neural Repair 2012;26:581-593.

208 SMITH JK, MCDONALD WI. *The pathophysiology of multiple sclerosis: the mechanisms underlying the production of symptoms and the natural history of the disease.* Philos Trans R Soc Lond B Biol Sci 1999;354:1649-1673.

209 NORDIN M, NYSTRON B, WALLIN U, HAGBARTH KE. *Ectopic sensory discharges and paresthesiae in patients with disorders of peripheral nerves, dorsal roots and dorsal columns.* Pain 1984;20:231-245.

210 http://www.foxnews.com/health/2014/09/12/im-healthier-than-was-10-years-ago-one-ms-patient-turned-triathletes-story/

211 VOGT J, PAUL F, AKTAS O, MÜLLER-WIELSCH K ET AL. *(2009), Lower motor neuron loss in multiple sclerosis and experimental autoimmune encephalomyelitis.* Ann Neurol., 66: 310–322.

212 Weir AI, Hansen S, Ballantyne JP. *Motor unit potential abnormalities in multiple sclerosis: further evidence for a peripheral nervous system defect.* J Neurol Neurosurg Psychiatry. 1980 Nov;43(11):999-1004.

213 Pearson M, Dieberg G, Smart N. *Exercise as a therapy for improvement of walking ability in adults with multiple sclerosis: a meta-analysis.* Arch Phys Med Rehabil. 2015 Jul;96(7):1339-1348.e7.

214 Giesser BS. *Exercise in the management of persons with multiple sclerosis.* Ther Adv Neurol Disord. 2015 May;8(3):123-30.

215 Heine M, van de Port I, Rietberg MB, van Wegen EE, Kwakkel G. *Exercise therapy for fatigue in multiple sclerosis.* Cochrane Database Syst Rev. 2015 Sep 11;9:CD009956.

216 Xiao J, Wong A, Willingham M et al. *BDNF exerts contrasting influence on peripheral myelination of NGF and BDNF-dependent DRG neurons.* The Journal of Neuroscience, 2009, 29: 4016-4022.

217 Xiao J, Wong A, Willingham M, van den Buuse M, Kilpatrick T, Murray S. *Brain-Derived Neurotrophic Factor Promotes Central Nervous System Myelination via a Direct Effect upon Oligodendrocytes.* NeuroSignals 2010, 18(3):186-202.

218 Xiao J, Kilpatrick, T.J., Murray S. S., *The role of Neurotrophins in the regulation of myelin development.* Neurosignals 2009, 17:265–276.

219 Xiao J, Wong A, Willingham M et al. *BDNF exerts contrasting influence on peripheral myelination of NGF-dependent and BDNF-dependent DRG neurons.* Journal of Neuroscience 2009, 29: 4016-4022.

220 Xiao J Wong A Kilpatrick TJ Murray SS. *BDNF enhances central Nervous system myelination via a direct signalling to oligodendroglial TrkB receptors.* The Journal of Neurochemistry, 2010, 115 (S1): 36-37.

221 Xiao J, Hughes R, Lim JY et al. *A small peptide mimetic of BDNF promotes peripheral myelination.* Multiple Sclerosis Journal. in press. (2012)

222 Barde YA, Edgar D & Thoenen H. *Purification of a new neurotrophic factor from mammalian brain.* EMBO J.1, 549–553 (1982).

223 Nagahara AH, Tuszynski MH. *Potential therapeutic uses of BDNF in neurological and psychiatric disorders.* Nat Rev Drug Discov. 2011 Mar;10(3):209-19.

224 Aaron T Piepmeier, Jennifer L Etnier. *Brain-derived neurotrophic factor (BDNF) as a potential mechanism of the effects of acute exercise on cognitive performance, Journal of Sport and Health Science, Volume 4, Issue 1, March 2015, Pages 14-23, ISSN 2095-2546.*

225 Saucedo Marquez CM, Vanaudenaerde B, Troosters T, Wenderoth N. *High-intensity interval training evokes larger serum BDNF levels compared with intense continuous exercise.* J Appl Physiol (1985). 2015 Dec 15;119(12):1363-73.

226 Wadley AJ, Chen YW, Lip GY, Fisher JP, Aldred S. *Low volume-high intensity interval exercise elicits antioxidant and anti-inflammatory effects in humans.* J Sports Sci. 2016 Jan;34(1):1-9.

227 Huang M, Jay O, Davis SL. *Autonomic dysfunction in multiple sclerosis: implications for exercise.* Auton Neurosci. 2015 Mar;188:82-5.

228 Moradi M, Sahraian MA, Aghsaie A, et al. *Effects of Eight-week Resistance Training Program in Men With Multiple Sclerosis.* Asian J Sports Med. 2015 Jun;6(2):e22838.

229 Kjølhede T, Vissing K, de Place L et al. *Neuromuscular adaptations to long-term progressive resistance training translates to improved functional capacity for people with multiple sclerosis and is maintained at follow-up.* Mult Scler. 2015 Apr;21(5):599-611.

230 H Peter Clamann. *Motor Unit Recruitment and the Gradation of Muscle Force.* J Phys Ther December 1993 73:830-843.

231 Kastrukoff LF, Morgan NG, Zecchini D et al. *A role for natural killer cells in the immunopathogenesis of multiple sclerosis.* J Neuroimmunol. 1998 Jun 15;86(2):123-33.

232 M Lee, MC Kiernan, VG Macefield, et al. *Short-term peripheral nerve stimulation ameliorates axonal dysfunction after spinal cord injury.* Journal of Neurophysiology, 2015; 113 (9): 3209.

233 D Reese, ET Shivapour, TL Wahls, SD Dudley-Javoroski and R Shields. *Neuromuscular electrical stimulation and dietary interventions to reduce oxidative stress in a secondary progressive multiple sclerosis patient leads to marked gains in function: a case report.* Cases Journal 2009, 2:7601.

234 Kantele S, Karinkanta S, Sievänen H. *Effects of long-term whole-body vibration training on mobility in patients with multiple sclerosis: A meta-analysis of randomized controlled trials.* J Neurol Sci. 2015 Nov 15;358(1-2):31-7.

POUR ALLER PLUS LOIN

À table !
SANS GLUTEN
& SANS LAIT

Mes recettes
à index
glycémique bas

Christine Calvet

THIERRY
SOUCCAR
ÉDITIONS

“ 1 personne sur 5 est concernée par ce livre ”
Thierry Souccar, auteur de Lait, Mensonges et Propagande

4 saisons
SANS GLUTEN
& SANS LAIT

101 recettes
pour se régaler
en famille

Christine Calvet